Productividad Personal Consciente

PRODUCTIVIDAD PERSONAL CONSCIENTE

Beatriz Blasco

© 2016, Beatriz Blasco

ISBN-13: 978-84-617-4489-3

Impreso por CreateSpace - *Printed by CreateSpace*

Diseño y maquetación: MarianaEguaras.com

Con todo mi amor y profundo agradecimiento dedico este libro a mi compañero infatigable, por su incondicional apoyo, para que mis sueños se hagan realidad, Javi. A toda mi familia por ser ejemplo para mí y respetar mis decisiones. A todas mis amigas y amigos, son increíbles, hacen que la sonrisa no se desdibuje en mi cara ni en los momentos más difíciles. A todas las personas con las que me cruzo, comparto… y de las que aprendo constantemente. Si tuviera que poner los nombres necesitaría casi un libro, me siento afortunada. ¡Gracias!

PRÓLOGO

Productividad Personal Consciente te va a sorprender entre otras muchas cosas, por el nuevo enfoque que la autora da al término productividad. La mayoría, cuando hablamos de estos temas nos parecen muy aburridos, técnicos y más de lo mismo.

Sin embargo, en este libro vas a encontrar una definición de productividad flexible, viva, motivante y consciente. La autora nos habla de conceptos tan importantes como equilibrio, ser creativo, elección personal consciente, vivir con atención en el momento presente, vaciar la mente, el sistema GTD, etc.

Prepárate para poner orden en tu vida y alcanzar el equilibrio que anhelas.

Cuando Beatriz, en una de nuestras sesiones de *mentoring* me pidió entusiasmada que le escribiera el prólogo de su libro, lo primero que me vino en la mente fue: «Me encantaría pero lo siento, no tengo tiempo» (típica respuesta de falta de planificación, ¿verdad?). Sin embargo, unos 2-3 segundos después tuve una revelación clara y fui capaz de ponerme en su lugar y comprender la inmensa ilusión que se siente ante un primer «hijo» creativo.

Además, sabía que Beatriz le había puesto todo su corazón y alma al escribirlo. Y los libros escritos así son un éxito garantizado.

No solo acepté su propuesta por este motivo sino que además, intuía con absoluta certeza (sin haberlo leído) que este libro que tienes en tus manos era una manuscrito de gran valor que me ayudaría a ser mucho más productiva de forma consciente y dejar de decir que no tenía tiempo. Y te aseguro que así ha sido.

Este libro es poderoso y revelador porque la autora no se va por las ramas con teorías inaplicables sino que predica con el ejemplo, comparte lo que a ella le ha servido y le sigue siendo útil en su día a día.

A lo largo de los últimos cinco meses, he tenido la suerte de conocer a Beatriz en profundidad en uno de mis programas de *mentoring* y desde el primer día percibí sus súper talentos de eficiencia, orden, foco, gestión del tiempo, capacidad de organización y planificación. Fue increíble ver cómo avanzaba en su proyecto a pasos de gigante casi sin darse cuenta. Y lo que más me enamora de ella es el corazón que le pone a todo lo que hace.

En resumen, Beatriz nos aporta un método estructurado, práctico, claro, innovador de 5 etapas para elegir con consciencia y no dejarte arrastrar por el torrente diario de infinitas tareas. Y no solo esto sino que con este manuscrito, que incluye un cuaderno de ejercicios prácticos, serás capaz de organizarte y planificar de otra forma, vivir en equilibrio todas las áreas de tu vida, estar más enfocado hacia tus sueños, conocerte a un nivel profundo, estar presente y comprometerte contigo mismo para alcanzar tus mayores sueños.

Aquí encontrarás la solución definitiva que estás buscando. Disfrútalo, goza de cada página, pon en práctica todo lo aprendido, abre tu mente y corazón a estas ideas tan creativas y sobretodo nunca dejes de soñar.

Gracias, Beatriz, por abrirnos el corazón y compartir tu Ser tan especial.

Gracias por darme la oportunidad de poner una pequeña semilla a tu primera creación literaria. Estoy segura que este es el inicio de un largo camino que nos regalará muchos más libros tan brillantes como este.

Y gracias a ti, querido lector, por querer ser mejor persona y leer manuscritos tan inspiradores como «Productividad Personal Consciente»

Con amor,

Mònica Fusté

Autora de «SuperAcción - Acelera tu ruta al éxito con un innovador método de Coaching de Alto Impacto» y Fundadora del Instituto de SuperAcción.
www.monicafuste.com
www.institutodesuperaccion.com

Es mi primer libro, brota desde el corazón sin juicios y sin opiniones de mi mente, a veces temerosa. No quiero pensar, quiero sentir, sentir con intensidad y suavidad. Sin aferrarme a lo que siento, sintiendo sin más y surfeando en ese sentimiento para llegar hasta ti.

Mi intención: que al leer el libro emerja en ti la idea de buscar el equilibrio entre ego y alma, entre mente y cuerpo, entre deseo y acción y todo ello sin que te importe el resultado, simplemente poniendo la atención a cada paso del camino. Todo llega en el preciso instante en el que estás preparado para recibir lo que has elegido desde el corazón. No hay recetas mágicas, hay aprendizajes, te invito a que hagas los tuyos propios cuestionando lo que leas aquí y practicando. ¿Listo? ¡Vamos a ello!

CONTENIDO

INTRODUCCIÓN

Es posible que te estés preguntando qué es la productividad personal consciente. La verdad es que el término te puede parecer hasta muy «técnico» y poco inspirador. Nada más lejos. Deja que te inspire.

Para mí, productividad personal consciente es hacer lo que quieres de corazón en el momento justo con el menor consumo de energía posible. Es vivir en equilibrio y con atención al momento presente. Armonía para tu vida. Es una forma de vida que te aporta fluidez y autodisciplina. Es añadir a tu vida foco. Quedarte con lo necesario y transformar lo aparentemente «innecesario» en recursos para construir tu camino.

La productividad personal consciente es un camino donde hay una elección personal consciente en cada paso. Es saber elegir la próxima acción a realizar aun cuando esta sea no hacer nada en concreto y conectar con el silencio de la contemplación sin más. Esa contemplación te ofrecerá autoconocimiento y aprendizaje para definir los pasos que quieres dar para cimentar la vida que deseas.

Tal vez ya has intentado varias veces organizarte mejor para dejar de sentir el estrés, la ansiedad y la impotencia que da querer llegar a todo y tener la sensación de no llegar a nada. Me gustaría que con los ejercicios que voy a plantearte te arriesgues a pasar a la acción. Seguro que sientes la chispa, tienes la clave entre tus manos, la motivación en tu día a día es la energía poderosa que te mueve hacia tus sueños.

Cuando reflexionas acerca de las experiencias y dedicas tiempo a observar los aprendizajes adquiridos es maravilloso comprobar cómo, desde dentro de ti, emerge una sabiduría que está esperando tu presencia.

En el viaje hacia nuestros objetivos aparecen obstáculos que nos desmotivan y nos dificultan seguir avanzando. Pero puedes decidir pensar que todos estos obstáculos se convierten en aprendizajes o, lo que es lo mismo, recursos para fortalecer tu camino; en lugar de pensar: «no puedo, no soy capaz...» y rendirte.

Es posible que en los cuentos la presencia del dragón que impide a la princesa o el príncipe salir de su castillo sea percibida como negativa. Sin embargo, el dragón puede proteger, enseñar y preparar a la princesa o al príncipe para superar los obstáculos venideros.

Cuando hayas leído el libro, hecho los ejercicios propuestos y hayas añadido lo que necesitas para tu vida sabrás que planificar no es lo mismo que tener expectativas y vivir en el futuro. Conectarás con el Ser creativo y tomarás conciencia del canal que eres para trasmitir la riqueza de la vida. Aprenderás a poner orden en tu vida. Orden es que cada cosa ocupe su lugar ofreciendo desde ahí un sentido completo a tu sistema: cuerpo, mente, emoción y espíritu.

Si tu sistema está en orden puedes establecer vínculos poderos con el resto de los sistemas. Es como dejar puertas abiertas que te comunican y te muestran nuevas posibilidades. Si tu mente es una madeja de hilos desordenados apenas podrás unirte en armonía con otras mentes y otros sistemas, tendrás las puertas bloqueadas.

Si tu cuerpo está en tensión, te costará entregarte al momento presente con toda tu atención. Si tu emoción es el centro de tu pensamiento difícilmente podrás expandirte para vincularte con lo que ya eres. Si tu espíritu está ausente de tu vida raramente harás realidad tus sueños. Porque tus sueños realizables son aquellos que se convierten en intenciones profundas que trascienden lo puramente material.

Todos los días me repito la frase: «Nunca dejes de soñar». Al pronunciarla, una sonrisa se dibuja en mi cara y un escalofrío recorre mi cuerpo. Es el escalofrío de la motivación poderosa que me impulsa hacia delante. Eso es lo que quiero, que todos soñemos todos los días para eregir vidas más plenas, llenas de luz y equilibradas.

Los sueños son el motor de la vida cuando se convierten en intenciones y las intenciones son la fuerza motriz que transforma el deseo en acción.

La intención no cuestiona si el objetivo es alcanzable o no, simplemente te dirige hacia allí. Es el proceso de obtención del objetivo.

Con este libro te ayudaré a motivarte, accionarte y enfocarte para dar en la diana de tus sueños. Para que, hagas lo que hagas, encuentres el contrapeso que te permita seguir caminando cada día. El equilibrio entre tu vida profesional y personal, entre el orden y desorden, entre creatividad y materialización, entre futuro y presente, entre tu mente y tu alma. Entendiendo aquí «alma» como la sabiduría que hay en ti del conocimiento ancestral, todo lo que ya se ha producido en la tierra, como inconsciente creativo.

Por un sueño transformado en intención, en este mismo texto que tienes ante ti, hoy comparto contigo mi visión sobre la productividad personal consciente como un medio para dar forma a las intenciones.

Las intenciones son los deseos fuertes que sientes en tu cuerpo y te ponen en acción. Son deseos que nacen en el corazón y tienen como finalidad dar sentido a tu vida, para contribuir al mundo y que vivas en plenitud.

El deseo de que te toque la lotería no es una intención. La intención es la dirección que quieres para tu vida, no un fin en sí mismo. Si te preguntas: ¿para qué quiero que me toque la lotería? La respuesta será lo que quieres para tu vida, tus intenciones.

Sin embargo, el deseo de poner orden en tu vida para estar en armonía puede significar para ti pasar más tiempo con tu familia y ofrecerles tu amor sin descuidar tu negocio y tu realización personal. Esta intención, si sientes que es importante para ti, es muy posible que te mueva a construir tu camino, tu forma de vida.

Seguro que a lo largo de los años te has ido encontrando con muchas personas, increíbles, que han sido espejos de tus talentos y habilidades que tú solo no eras capaz de percibir en ti.

En un momento del proceso de darle la vuelta a mi vida me topé con la necesidad de saber qué imagen proyectaba hacia fuera y qué era lo que mi entorno, en sus distintos ámbitos, veía en mí como talentos. Fue todo un proceso de varias semanas muy bonito, interesante y divertido donde lanzaba preguntas y las personas me devolvían su opinión. Es increíble mirarte a través de los demás, tanto para lo que te gusta de ti como para lo que no te gusta tanto.

Al final de este proceso descubrí que un talento natural o una de estas habilidades que no ponía en valor era mi capacidad de planificar, organizar y manejar la atención para alcanzar los objetivos que me planteaba.

Algunas de las valoraciones que me empujaron a escribir este libro fueron: «súper eficiente», «incansable, constante, entregada, disciplinada», «muy buena elaborando planes de acción», «no paras hasta conseguir resultados, siempre cumples tus objetivos...».

Pero hubo un día en el que tomé conciencia de un gran error que estaba cometiendo. Alcanzaba mis objetivos, sí, pero no era capaz de mantener mi paz interior, estar satisfecha y vivir feliz. Mis objetivos no estaban alineados con intenciones que dieran sentido a mi vida. Así que alcanzar esos objetivos y metas me suponía un desgaste importante, vivía estresada y me sentía insatisfecha.

Decidí dedicar tiempo a conocerme, a implantar un sistema de productividad para manejar mis acciones, modificar mis formas de pensar y desarrollar hábitos saludables en mi vida. Hoy continúo, es un proceso que está en movimiento permanente.

Si has llegado hasta aquí está claro que piensas que necesitas añadir a tu vida productividad para dejar atrás el estrés, las prisas, la incertidumbre mal vivida y centrarte en alcanzar tus sueños, los que nacen desde las entrañas.

Para alcanzar tus sueños necesitas cuidar tu mayor tesoro: tu tiempo. Nunca sabrás de cuánto dispones. Así que aprovéchalo para vivir entregándote a cada instante, disfrutándolo y elegir realizar las acciones que más te acercan hacia donde quieres llegar.

Hay dos tiempos: el tiempo físico y el tiempo que creamos dentro de nosotros. Este último lo manejamos a través de la atención y nuestras propias creencias sobre la percepción y el significado del tiempo.

Te propongo transformar radicalmente tu vida sin cambios bruscos y dolorosos. El sufrimiento y el esfuerzo son una elección. No son necesarios en tu vida cuando aprendes a surfear las olas[1] de la incertidumbre.

Te invito a que explores conmigo, y mis reflexiones, para descubrir los pilares que sustentarán la productividad a lo largo del tiempo como el medio para alcanzar tus sueños. Será algo así como ser un pirata surfeando los mares en busca de la isla del tesoro.

¿Aceptas el reto de explorar nuevas y diversas rutas para enriquecer tu vida, pintarla de mil colores y llenarla de equilibrio, entusiasmo y foco?

Los grandes viajes se construyen con pequeños pasos todos los días. Y hoy puedes dar el primer paso hacia tu viaje.

---

[1] *El espacio de las variantes*, Vadim Zeland, Ediciones Obelisco, 2010.

LA PRODUCTIVIDAD PERSONAL CONSCIENTE Y EL MUNDO HOY

Estamos inmersos en la era del conocimiento y la tecnología. El conocimiento es el factor predominante en el trabajo y la tecnología es la bandera de una nueva época. Tu valor añadido es la interpretación y la forma que das al conocimiento que posees.

El conocimiento es un bien intangible que está en continua evolución. Esto genera incertidumbre en todos aquellos que tienen que trabajar a través de él. Hay que ser un eterno aprendiz con una curiosidad inmensa que te empuje a cuestionarte lo que crees, querer aprender más y mejor de forma permanente. Cada día es distinto al anterior, nunca sabes qué es lo que te vas a encontrar o qué te van a pedir, las prioridades cambian, la tarea a realizar no está claramente definida y estructurada. Muchas veces, ni siquiera sabemos qué es lo que se necesita hacer.

La tecnología está permitiendo almacenar cantidad ingente de datos de todo tipo. De calidad o sin ella, falsos o veraces. Seleccionar la información que realmente te interesa sin perder la atención es clave para manejar tu día a día.

La productividad personal consciente se convierte en el arte de elegir y fluir en el torrente diario sin ser arrastrado.

Las posibles causas de la falta de productividad personal consciente hoy en día se deben a lo siguiente:

1. Vives en un estado permanente de bloqueo y estrés. Ni siquiera eres consciente de ello la mayoría de las veces.
2. Todo el tiempo tratas de resolver los problemas utilizando las mismas técnicas de siempre que no terminan de funcionar.
3. Pasas muchas horas disperso saltando de un lado a otro. Te cuesta mantener la atención en lo que estás haciendo.
4. No sabes delegar y piensas que todo lo tienes que hacer tú.
5. No sabes cómo decir «no» y poner límites.
6. Sientes miedo ante tanta incertidumbre y quieres demostrar tu valía profesional echando horas y más horas.
7. No conoces cuáles son tus metas ni a qué contribuye cada tarea o acción que realizas.
8. Eliges las tareas más sencillas y rápidas de resolver. Eliges la inmediatez de respuesta

EL MÉTODO

Para solucionar la falta de productividad personal consciente te planteo un método de cinco etapas cíclicas con acciones específicas que podrás ir adaptando a tu vida, a tu propio ritmo.

Somos seres que aprendemos y modificamos hábitos a través de la experiencia. Estamos en esta vida para recibir las enseñanzas de la reflexión sobre la experiencia. Si de verdad quieres que este (u otro) método te sirva para algo, una mera lectura poco te aportará, tendrás que ponerlo en práctica.

> El conocimiento es solo un rumor
> hasta que es grabado en el músculo.
>
> PROVERBIO AFRICANO

Estas cinco etapas, que llamo las 5 P de la productividad personal consisten en:

1. Pacificar, el arte de simplificar y vivir en calma.
2. Perspectiva, la magia de enfocarse.
3. Presencia, la conexión con el Ser Creativo.
4. Programar, la fluidez del control de tus acciones.
5. Perseverancia, la cualidad para continuar en movimiento.

Si las recorres todas y luego empiezas el ciclo de nuevo podrás:

- Sentir qué significa vivir en equilibrio y manejarte sin estrés por la vida.
- Aprender a cuidar de tu estado.
- Alcanzar tus sueños sin esfuerzo disfrutando del camino.
- Hacerte aliado del tiempo.
- Elegir lo que quieres para tu vida.

Construimos nuestra vida con las elecciones que hacemos. Las elecciones son el resultado de tus formas de pensar y tu estado. Tu estado puede ser abierto o cerrado, o lo que es lo mismo, creativo o bloqueado.

Fuera de ti todo existe, pero en tu vida solo se manifiesta aquello a lo que pones atención, aquello hacia donde se dirige tu pensamiento y, por lo tanto, tu energía. En la productividad personal consciente un paso importante es saber elegir la próxima acción a realizar y desechar las demás, teniendo muy claro qué te está moviendo a tomar esa decisión.

Para que la toma de decisión sea ágil y fluida es necesario que conozcas la intención de tus acciones. A qué objetivos contribuyen.

Una vez conoces tus intenciones, la fuerza que te dirige hacia donde quieres ir, necesitas tener hábitos o prácticas generativas que te permitan diariamente, en paralelo a otras de tus actividades, desarrollar el proceso de tu autoconocimiento y tu autorregulación de tu estado. Las prácticas generativas son algo así como la gimnasia para entrenar tu mente y equilibrar tu sistema cuerpo, emoción, mente y espíritu.

Equilibrio

Cuando hablo de equilibrio me refiero a la necesidad de que todas las dimensiones de tu vida, además del sistema que conformas, se relacionen de forma continua y fluida con todo lo que te rodea. La vida son relaciones de equilibrio, solo hay que mirar a la naturaleza para entender el concepto de equilibrio. Todo forma parte de lo mismo, la existencia de los opuestos da forma a lo que conocemos y expresamos. Aceptar la tristeza y la alegría, el dolor y la felicidad... son caras de la misma moneda.

El equilibrio es ese punto de vista donde dejas de ver las caras para ver la moneda completa.

El equilibrio consiste en alinear tus creencias, pensamientos y acciones con tus intenciones. Es decir, conseguir que tus deseos estén en armonía con tus acciones.

Por ejemplo, si tu deseo es tener un cuerpo saludable y, sin embargo, no dejas de fumar y comer compulsivamente no lo estarás consiguiendo. Si tu deseo es autorrealizarte a la vez que conservar un trabajo rutinario, que no te entusiasma y que absorbe toda tu energía, tampoco.

Los desequilibrios pueden darse por la necesidad de que te ajustes internamente a nuevos equilibrios. Otras veces, los equilibrios que ansías se ven interrumpidos por situaciones o hechos repentinos que no tenías contemplados o no esperabas.

El sistema está diseñado parar recuperar el equilibrio si pones consciencia. Los mecanismos que recuperan el equilibrio de forma eficiente y efectiva son las prácticas generativas diarias, que más adelante definirás cuáles son las adecuadas para ti.

Imagínate que la vida es un conjunto de largos hilos suspendidos en el espacio por los que tenemos que caminar evitando caer al vacío. Es posible que nos balanceemos perdiendo el equilibrio a cada paso para recuperarlo al siguiente, volviéndolo a perder para recuperarlo de nuevo. Somos funambulistas buscando el punto de equilibrio donde todo se integra, encaja y sentimos paz interior.

El equilibrio es como la danza que bailan los dos opuestos para crear una danza más completa y armónica que el baile separado de cada uno de los extremos. El equilibrio no es fijo, es dinámico y flexible. Está en continuo movimiento.

Ser Creativo

Los seres humanos somos creativos. Somos capaces de expresar conceptos e ideas abstractas materializándolas en obras de arte, creando estrategias para encontrar soluciones, ideando productos, servicios... La creatividad consiste en conectar, en tender puentes entre dos ideas antes nunca conectadas. Es una conversación entre dos partes buscando algo nuevo.

La creatividad emerge, las ideas llegan de algún sitio a tu mente. Así es como lo describen muchos de los grandes genios de la historia. «La idea me llegó, las notas llegaban a mí, yo las ordenaba y les daba forma en la partitura», decía Mozart.

La creatividad requiere dos mentes, la que se abre y se despierta a las infinitas posibilidades y la mente que interpreta, manipula y ejecuta.

Para poder ser productivo en tu día a día necesitas mantener un estado que te permita estar centrado en ti, en la unión cuerpo-mente, abierto y consciente para enlazar y conectar ideas. Tu Ser Creativo emerge cuando estás presente y entregado al momento. Es ahí donde puedes encontrar soluciones, crear nuevas formas, modelos, transformar tus miedos, eliminar bloqueos, límites... Las exigencias del entorno actual requieren de ti que seas lo más creativo posible.

Así que el Ser Creativo es un estado en el cual te sientes completo en ti mismo y además conectado con algo mucho más grande: el mundo de las ideas, los recursos, las infinitas posibilidades.

Despertar a tu Ser Creativo es un entrenamiento, una práctica diaria (como verás si sigues leyendo).

PACIFICAR

Según cuenta una vieja leyenda, un famoso guerrero visita la casa de un maestro Zen. Al llegar se presenta a éste, contándole todos los títulos y aprendizajes que ha obtenido en años de sacrificados y largos estudios.

Después de tan sesuda presentación, le explica que ha venido a verlo para que le enseñe los secretos del conocimiento Zen.

Por toda respuesta, el maestro se limita a invitarlo a sentarse y ofrecerle una taza de té.

Aparentemente distraído, sin dar muestras de mayor preocupación, el maestro vierte té en la taza del guerrero, y continúa vertiendo té aún después de que la taza está llena.

Consternado, el guerrero le advierte al maestro que la taza ya está llena, y que el té se escurre sobre la mesa.

El maestro le responde con tranquilidad: «Exactamente señor. Usted ya viene con la taza llena, ¿cómo podría usted aprender algo?».

Ante la expresión incrédula del guerrero el maestro enfatiza: «A menos que su taza esté vacía, no podrá aprender nada»

Si tu mente está vacía, siempre estará prepara para algo, abierta a todo.
SHUNRYU SUZUKI,
MAESTRO DE LA TRADICIÓN ZEN

Para añadir a tu vida productividad primero tienes que sosegarte, aquietar tu mente y simplificar tu vida. Vaciar tu mente y tu espacio para introducir lo que verdaderamente te va a aportar algo valioso en el camino hacia tus sueños.

PACIFICAR es poner orden dentro y fuera de ti. Aprender a quedarte con lo necesario e importante para tu vida en cada momento. Encontrar los equilibrios como reconciliación de opuestos.

Para pacificarte por dentro y por fuera necesitas poner en práctica el desapego, tanto por las cosas materiales como por las creencias que ya no te ayudan a continuar en la dirección quieres para tu vida.

Quiero que tengas la mente abierta y flexible. Que cuestiones lo que hasta ahora te ha acompañado hasta aquí. No pretendo que saques de tu vida con rabia las ideas, las cosas materiales o incluso a determinadas personas... sino que las despidas dándoles las gracias y entendiendo la función que han tenido para ti hasta ahora que ya no las necesitas.

La clave para desapegarte, bien sea de bienes materiales, pensamientos o emociones, es valorar lo que te han aportado hasta ahora, agradecerles la función que han desempeñado en tu vida y sentir que todo aquello que cambia y no es permanente no eres tú.

La vida nunca para, es continua, es movimiento. Así que no te quedes fijado a las ideas o a lo que te rodea. En este primer paso vas a estar soltando lo que ya no necesitas para quedarte con lo que sí necesitas ahora.

Es posible que llegados a este punto te preguntes: ¿para qué quiero todo esto si mi objetivo es ser productivo? Te responderé desde mi experiencia y con el corazón.

Necesitas dar estos primeros pasos para ser productivo de forma fluida, enfocada, flexible y de manera continua. O lo que sería lo mismo, sin esfuerzo. Soltar la autoexigencia del ego y prepararte para perseverar.

No pretendo que seas productivo realizando acciones que nada te aportan o no te hacen feliz. Es importante hacer para contribuir a un propósito, hacer con una intención.

Sin dirección toda acción muere en el instante mismo en el que nace. La acción crea a través de ti lo que deseas cuando haces tuyo el camino.

Mi propósito es que consigas ser productivo para entregarte a la vida conectando con tu Ser Creativo. Para hallar los recursos que necesitas y elegir el camino que quieras en cada instante. El Ser Creativo te permite entrar en el mundo de las ideas, del universo, de la energía creadora... Supone la conexión con ese estado que te permite estar lúcido, es esa sensación de «¡Eureka! ¡Aquí esta!»

Si tú lo consigues es bueno para todos. Cuanta más paz y amor hay en nosotros más hay en el mundo. Cuando vives en ese estado todo es más fácil y se disfruta enormemente. Ya no vives con miedo, sino con amor, con alegría y con fe en las infinitas posibilidades.

Cuando acabes esta primera fase habrás conseguido identificar cuáles son los «innecesarios» que hay en tu vida y que consumen parte de tu energía. Así podrás enfocar de forma diferente la energía que ya no estás consumiendo, sin ser consciente de ello.

Identificarás qué cosas son necesarias e importantes cada día, cuáles te aportan sentido.

Sentirás y sabrás cómo vivir en equilibrio.

Manejarás «tu tiempo» sin agobios, sin estrés y sin esfuerzo.

Somos energía

Para que te resulte más fácil decidir qué necesitas en tu vida piensa que, en última instancia, todo es energía: partículas vibrando con diferentes manifestaciones, formas y sentido. La energía es eficacia, poder y virtud para obrar, así que si la sabemos manejar y equilibrar tenemos un gran poder para utilizarlo a nuestro favor.

Tú también eres energía. Podemos distinguir los siguientes planos energéticos:

1. Físico
2. Emocional
3. Mental
4. Espiritual

Si equilibramos los cuatro y transitamos de forma fluida por ellos podemos despertar y conectar con nuestro Ser Creativo.

Energía física, emocional, mental y espiritual

Todas las energías tienen su sentido y su función. Para equilibrarlas te propongo unos ejercicios al final del capítulo.

La energía física es la que utilizas para moverte en este mundo y para dar forma a tus sueños y tu misión. Tu cuerpo es el vehículo en tu vida. No cuidarlo es rechazar la vida. Por eso la energía física es igual de importante que el resto de planos energéticos.

La energía emocional es la que derivada de tus emociones. Las emociones son como el lenguaje que utiliza tu mente inconsciente para comunicarse a través del cuerpo físico contigo. Las emociones son un mecanismo de adaptación para invitarte al movimiento, la reflexión y el aprendizaje. Las emociones te unen a los demás y miden la calidad de tus relaciones. Así que puedes aprender a manejarlas a través de las experiencias que eliges vivir.

La energía mental tiene dos dimensiones importantes: la consciente y la inconsciente. Es en tu mente donde se produce la interpretación de lo que percibes y donde se forman las decisiones que tomas.

La realidad que eliges vivir depende de la información que has ido almacenando a lo largo de tu vida en el cuerpo físico y mental. La información guardada en estos cuerpos es fruto, además de tu propia herencia genética y ancestral, de las interpretaciones que has hecho de tus experiencias. Es decir, de los aprendizajes que has ido realizando, a distintos niveles, desde el momento en que naciste.

La energía espiritual emerge cuando añades a tu vida reflexión y contemplación para caminar hacia la verdad más profunda de tu esencia. Tienes que incluir prácticas diarias que te inviten a ser cada día más consciente, a conocerte y ampliar lo que crees y piensas sobre ti mismo y el mundo. La energía espiritual te permite conectar y experimentar a nivel profundo el amor incondicional, el perdón, el agradecimiento, la paz...la conciencia pura.

Todas las energías son importantes y necesarias en tu vida. Conocerlas bien, para equilibrarlas en tu día a día es clave para manejar tu actividad diaria y ser capaz de dar forma a tus sueños, sean los que sean, de forma fluida.

Para encontrar tus equilibrios, para conseguir estar en calma y presente, te sugiero que dediques tiempo cada semana a realizar alguna de estas prácticas:

- Actividades que inviten a poner la atención en el cuerpo (Yoga, Aikido...)
- Meditación
- Ejercicio físico consciente
- Hábitos diarios realizados con atención plena
- Diario de agradecimiento
- Observar el ruido interno (lo que te dices) y comportamientos
- Ser consciente de la emoción que sientes
- Alimentación sana y equilibrada
- Dormir las horas necesarias
- Disfrutar con familia, amigos, ocio...

Estas prácticas van a generar un estado de bienestar en todas las partes de tu sistema, porque armonizan las distintas formas de expresión de la energía.

Si a lo largo de tu vida has dejado de lado alguno de los cuatro planos energéticos o no los has atendido convenientemente es posible que hayas vivido situaciones o experiencias dolorosas que te han motivado a que despertaras y profundizaras en tu autoconocimiento.

Habitamos tiempos apasionantes llenos de incertidumbre a los que debemos adaptarnos sí o sí para vivir felices, en lugar de sobrevivir o malvivir.

La productividad personal consciente consiste en añadir a tu vida equilibrio, armonía, foco y sentido, elegir las acciones que te ayudan a vivir mejor dejando atrás el estrés, la ansiedad y el desasosiego.

Estado relajado-atento

Las grandes dificultades de nuestro día son dos.

1. La inmediatez. Tenemos una necesidad acuciante de obtener respuestas, resultados, bienes... ¡ya!
2. La dispersión, entendida como el poder que concedemos a la mente, a los pensamientos inconscientes y desordenados, y al afán de obtener y registrar conocimiento o bienes materiales sin foco.

¿Has sentido alguna vez en tu vida alguna una de estas (o las dos) dificultades? Para evitarlas tenemos una herramienta muy poderosa que es la ATENCIÓN.

Donde va la atención va el pensamiento,
y donde va el pensamiento va la energía.
Atención es ser consciente de lo que hay
aquí y ahora, y de nada más.

Tu estado depende de cómo está tu cuerpo, de cómo respira, de cómo están de tensos los músculos, de qué sientes, de qué te estás diciendo, de qué piensas... El estado es la manifestación de la relación que existe entre tu cuerpo, tu emoción, tu mente y tu espíritu.

En el estado relajado-atento tu cuerpo está tranquilo, sin tensiones, está alineado, es decir, no tiene posturas raras... y tu mente está calmada. Tú eres consciente y observas tus pensamientos sin darles importancia, sin engancharte a ellos y sin dejarte entrar en una espiral de emociones y de historias que te cuentas a ti mismo.

En el estado relajado-atento puedes decidir de forma consciente qué acciones eliges o qué comportamiento tienes, incluso puedes identificar qué es lo que ha originado un comportamiento no efectivo para ti. Por ejemplo, si alguien te ha hecho un comentario que te incomoda eres consciente de que ese comentario es el que ha producido un cambio en tu estado. Así puedes quitarle importancia, sin más, y dar una respuesta ecológica y asertiva.

Cuando sabes a donde te diriges los pasos que das son tranquilos, serenos y confiados, aunque te salgas del camino. Cuando no sabes donde vas cada paso es un suplicio, un dolor, supone un esfuerzo, porque a nivel inconsciente dentro de ti existe una resistencia al movimiento sin sentido.

Esta resistencia es consecuencia de la falta de equilibrio entre tus planos energéticos y de falta de conexión con las intenciones motivadoras de tu vida.

El estado relajado-atento consiste en añadir a tu vida la conciencia plena. Este estado también puede llamarse estado de PRESENCIA, que en la tercera parte del método abordaremos en profundidad.

La clave que marca la diferencia entre alguien que consigue lo que quiere sin esfuerzo y que es capaz de inspirar a otros, con alguien que consigue lo que quiere pero con mucho esfuerzo, rabia… es la calidad de su estado de Presencia.

Orden dentro y fuera

Lo que está dentro está fuera, y lo que está fuera está dentro.

El orden aporta el lugar correcto para cada cosa o para cada pensamiento. Desde ese orden todo adquiere el sentido justo en el momento preciso. Todo se mantiene en un flujo constante, flexible y dinámico.

El desorden, además de ser una demostrable pérdida de tiempo, es el resultado del estado interior. Además el desorden permanente hace que se queden ciertas energías bloqueadas. Imagínate una torre de papeles que lleva ahí más de dos años. ¿Para qué quieres guardar algo que no vas a utilizar o que ya has olvidado que estaba allí? ¿Te has planteado cuál es el miedo que te invade cuando sientes la necesidad de guardar «por si acaso»? ¿Qué miedo se encuentra oculto en el desorden? ¿Miedo a perder el control, a quedarte sin nada, a la soledad...?

Así que uno de los puntos importantes de este primer paso del método es seleccionar lo necesario y ordenarlo.[2]

Aunque te parezca un poco «friki» las cosas también tienen su energía y les puedes consultar dónde quieren estar. Como un escultor que conecta con la piedra o los materiales para darle la forma deseada.

¿Eres de los que piensan que para Ser Creativo hay que ser desordenado?

En mi opinión, nos confundimos al pensar que el desorden material y mental es propio del aparente caos que se produce en nuestras cabezas en el momento previo de la creación, cuando conectamos con el Ser Creativo o el mundo de las ideas.

Ese aparente caos o desorden creativo se debe a que el lenguaje de comunicación del mundo de las «ideas» no es ni lógico, ni lineal, ni verbal. Así que lo abstracto de la creación inicial debe ser interpretado poco a

---

[2] *La magia del orden*, Marie Kondo, Ed. Aguilar, 2015.

poco por nuestra mente lógica, lineal y verbal para expresar y dar forma a la idea.

Para nuestra mente cognitiva supone todo un reto interpretar y dar forma a la simultaneidad que se produce durante el proceso de creación o al acceder a lo que ya está creado para darle forma material.

En el contexto «ordenar» significa:

1. Seleccionar los «innecesarios» (tanto a nivel material como a nivel de pensamientos y creencias que te limitan en la consecución de tus sueños).

2. Deshacerse de los «innecesarios» dejarlos marchar, devolverlos al flujo.

3. Colocar cada «necesario» en su sitio para que esté disponible cuando tengamos que hacer uso de él, justo en ese instante.

4. Vivir de la manera más sencilla posible sin acumular por el mero hecho de consumir.

Recuerda que la palabra clave a lo largo del libro es EQUILIBRIO. Así que tampoco lleves a ningún extremo el orden y le des una importancia extrema. Ordena en la justa medida, ten únicamente lo que necesitas en el lugar más apropiado para ello. Cuando hablo de desorden me refiero al que se produce de forma permanente, inconscientemente, aquel al que ni siquiera sabes por donde meterle mano.

Esta parte puede resultarte dura si tiendes al desorden. Plantéatelo entonces como un reto, un desafío, una primera llamada a dejar la zona de confort. La experiencia requiere de fuerza de voluntad para iniciarla. Sin embargo, llevarla a cabo y finalizarla será un gran motivador para continuar.

Poner orden dentro de ti es entrenar tu mente para que poco a poco vayas generando una mentalidad poderosa que te ayude a desarrollar tus sueños. El proceso es similar al que se realiza con el orden material que tienes que poner fuera de ti: seleccionar qué formas de pensar, qué creencias no te están ayudando y buscar las que sí, a través de la práctica diaria. Es como llevar la mente al gimnasio.

Sabrás cómo hacerlo después de hacer los ejercicios que te propongo a continuación antes de seguir con el siguiente paso del método. El cuaderno de trabajo también lo puedes descargar en esta página: http://www.beatrizblasco.com/comunidad-libro-productividad-personal-consciente donde además encontrarás recursos y píldoras que complementan este texto.

Ejercicios para pacificar, el arte de simplificar

El cambio ocurre cuando podemos sentir en nuestro cuerpo más de lo que podemos entender por medio del conocimiento racional. Hay que volver a sentir.

Durante los ejercicios de todos los capítulos te voy a invitar a que estés relajado, poniendo atención a tu cuerpo. Es posible que lleves tiempo sin ser muy consciente de tu cuerpo. Sin embargo, él alberga información muy interesante para ti.

Te propongo que, antes de comenzar con los ejercicios, dibujes o escribas qué es lo que te empuja a querer añadir a tu vida equilibrio, efectividad y consciencia. ¿Qué es importante para ti en estos momentos?

Los ejercicios no son una receta mágica, más bien son una serie de propuestas para ponerte a bucear en ti, encontrar tu timón y el timonel que necesitas para desafiar el oleaje, como diría Joaquín Sabina en su canción *Peces de ciudad*.

> Somos el resultado de lo que hacemos
> repetidamente. La excelencia, entonces,
> no es un acto sino un hábito.
>
> ARISTÓTELES

La práctica es lo que nos permite grabar el conocimiento en el músculo. Hasta que no está ahí, el conocimiento es volátil.

Un lugar para cada cosa, y cada cosa en su lugar

Simplificar tu vida para ser productivo conscientemente requiere de una serie de cambios en tu día a día. Estos cambios tienen que producirse tanto fuera como dentro de ti.

Con este primer ejercicio te sugiero empezar por simplificar tu vida fuera. Reducir todos los innecesarios que tienes tanto en casa como en el trabajo. Aunque te parezca una tontería, la verdad es que cuando fuera de ti ves y percibes orden es más fácil empezar a simplificar otras partes de tu vida, por ejemplo tu mente, y ponerla también en orden.

¿Has entrado alguna vez a una casa, oficina o bar donde has sentido armonía al percibir que cada cosa estaba en el sitio adecuado y nada sobraba?

Los espacios nos influyen y mucho. Si al llegar a nuestra casa hay limpieza y orden la sensación que nos invade es totalmente diferente a la que percibimos cuando está sucia y desordenada.

El nivel de orden y limpieza que es adecuado para ti lo expresa tu cuerpo. ¿Cómo te sientes al entrar en tu casa, o al sentarte en tu silla de trabajo? ¿Cuáles son las sensaciones que sientes en tu cuerpo? Localiza esa sensación y puntúala del 1 al 10, donde el 1 es desagradable y el 10, agradable. Deja que aparezca un número.

Es posible que ya seas ordenado y necesites optimizar otros procesos para ser productivo. Sin embargo, siempre va bien hacer una revisión de los objetos que has ido acumulando desde la última vez que hiciste una limpieza para poner orden.

Los pasos básicos del ejercicio son:

1. Haz una lista de categorías de elementos que te gustaría ordenar. Algunas de estas categorías pueden ser: ropa, CD, libros, corbatas, elementos informáticos como cables...

2. Decide por qué categoría vas a empezar.

3. Pon en un montón a la vista todos los elementos de la misma categoría, para tomar conciencia de lo que hay, de su volumen y de las sensaciones que te produce ver toda esa cantidad junta.

4. Clasifica uno a uno los elementos de la misma categoría en: Necesario/ Innecesario.

5. Establece las Reglas de Orden que tendrás para el grupo de Necesario. Pueden ser: agrupar por tipo de objetos, por el nivel de uso (todos los días, de vez en cuando...) u otros criterios que se te ocurran.

¿Estás decidido a comenzar? Vamos a ello.

Seleccionar los Innecesarios

Decide dónde pones orden antes: en casa o en la oficina. Si has decidido, por ejemplo, empezar por la oficina, ahora te sugiero seleccionar si empiezas por la mesa de trabajo, cajones o estanterías... Hazte un listado de prioridades.

Aquí tienes tu primera lista de prioridades para el proceso ORDENAR FUERA.

Te recomiendo que te reserves, como si de una reunión se tratase, el día y el tiempo que vas a dedicar a ordenar. Es el primer compromiso a adquirir contigo mismo. Antes de seguir leyendo, reserva un fin de semana o unos días en tu calendario para seleccionar los Innecesarios.

Para hacer la clasificación de lo que es innecesario en tu vida puedes ir haciéndote las siguientes preguntas por este orden:

1 – ¿Sabía que esto estaba aquí?

Si la respuesta es NO, ya te haces una idea de si puede ser innecesario o necesario.

Si no sabías que estaba, muy necesario en tu vida no es.

Si tienes dudas para ponerlo en el montón de innecesarios. Puedes pasar a la siguiente pregunta.

2 – ¿Esto es realmente necesario para mi vida ahora y me aporta alegría al encontrarme con él?

Si la respuesta es NO, directo al montón de Innecesarios.

Si la respuesta es SÍ, pasa a la siguiente pregunta.

3 – ¿Cuándo volveré a utilizarlo o a disfrutar de él?

Si la respuesta es NO LO SÉ, al montón de Innecesarios.

Si sabes específicamente cuándo volverás a disfrutarlo o utilizarlo y para qué, llévalo al montón de las cosas pendientes de ordenar.

Aplica este proceso a todos los objetos (papeles, libros, bolígrafos, informes, catálogos...). Si es ropa puedes preguntarte cuándo fue la última vez que te pusiste esa prenda. Si hace más de un año, es momento de darle otro uso.

Seguramente sientas pena por algunas cosas o no quieras desprenderte de ellas. Pero piensa: tú no eres lo que tienes. Tú eres mucho más que papeles y bienes materiales. Detrás de tu afán por guardar, a un nivel profundo, hay miedo. Miedo a no tener, miedo a no saber, miedo a no encontrar lo que crees que necesitarás... ¿Qué miedo crees que sientes al no querer desprenderte de un Innecesario? Dejar las cosas almacenadas sin más es un bloqueo de energía, como agua que no dejas fluir.

Simplificar es el arte de vivir con lo necesario, dando valor a lo verdaderamente importante para ser feliz en la vida.

IDEA - Pregúntate qué cosas te hacen sentir feliz y apúntalas en un papel. ¿Cuántas cosas materiales han aparecido?

Para evitar llenarte de cosas innecesarias una vez hecho este proceso tendrás que cambiar el hábito de comprar lo que no necesitas, el hábito de guardar papeles sin más en un montón o de descargar tu estado emocional comprando.

Antes de volver a comprar algo o dejarlo almacenado hazte las 3 preguntas clave de selección de los Innecesarios y reflexiona observándote: ¿qué emoción te está empujando a comprar? ¿Qué miedo sientes que hace que desees almacenar o acumular? El objetivo es que seas consciente de qué te está empujando a acumular y a comprar sin más. Así eres tú quien maneja tu mente, en vez de ella a ti.

Clasificar lo necesario

Es maravilloso cuando cada cosa tiene su lugar y está ahí cuando la necesitas.

Te propongo el siguiente ejercicio:

1. Tómate el tiempo que estimes necesario para realizar el ejercicio.

2. Ponte en un lugar donde puedas estar tranquilo. Es importante que tu estado sea el óptimo para disfrutar del proceso y que te aparezcan buenas ideas para ordenar.

3. Selecciona la categoría de Necesarios por la que vas a empezar a poner orden (recuerda que previamente has descartado los Innecesarios)

4. Ahora, haz como si todo estuviera en su sitio, en su lugar adecuado.

5. Siente la sensación de tener todo ordenado y a mano cuando lo necesitas. ¿Qué ves? ¿Qué te dices? ¿Qué sientes? Respira consciente y observa lo que emerge.

6. Diseña cómo vas a ordenar tus Necesarios. Seguro que hay papeles, libros, cosas varias... Haz una clasificación por el nivel de uso que les vas a dar. Por ejemplo, tal vez hay cosas que utilizas siempre que te pones a trabajar, otras son de consulta más esporádica...

7. Selecciona si vas a ordenar en cajas, archivadores, carpetas, bandejas... El objetivo siempre debe ser una búsqueda rápida cuando lo necesites.

8. Prueba a decirle a alguien distinto a ti que localice algo que puedas necesitar. Si lo encuentra sin tu ayuda es que el método que has diseñado es eficaz.

Me gusta decir que el trabajo bien hecho es aquel que cuando tú no estás los demás pueden saber en qué punto se encuentra y continuar desde ahí con el trabajo, si es necesario.

9. En el diseño de tu orden es importante usar recursos visuales: etiquetas, señales, cuadros de resumen o listas que te ayuden a recordar en un momento dado.

El proceso de decidir dónde va ir cada cosa e identificar su lugar es un proceso que hay que realizar en todos los ámbitos o entornos de tu vida. Oficina, ordenador, *tablet*, *smartphone*, despacho de casa, armarios de ropa, cartera, bolso, baño, cocina, trastero…

¿TODO ESTO PARA QUÉ?

Todo esto es para que tu vida sea más sencilla. Cuando percibes sencillez tu cerebro está más relajado y centrado en aquello que es importante.

Además ahorras tiempo para invertir en otras actividades. Sí o sí, te lo garantizo. Aunque seas de los que dice: «*sé lo que hay en mi desorden*»

Y esto puede ser cierto, pero estás ocupando espacio poco útil en tu cerebro. Además el tiempo que inviertes en buscar entre papeles, por cajones o en armarios suma bastante a la cuenta de «tiempo perdido». Si quieres prueba un día a sumar todo el tiempo que inviertes buscando archivos y cosas cuando las necesitas. Te sorprenderás.

También tienes que considerar la sensación que tiene tu cuerpo cuando vive en desorden o vive en el orden. ¿Es la misma? ¿Qué sensación te resulta más agradable?

Empezar por poner orden fuera es un buen paso para después poner orden en el interior de uno mismo. Es un hábito que te ayudará.

Lo que tenemos, vemos y percibimos fuera es un reflejo de lo que tenemos dentro.

Creo que estos primeros pasos son importantes para añadir a tu vida y productividad personal. Sobre todo si eres un trabajador del conocimiento, tienes varios proyectos en marcha o alguna vez te dices a ti mismo: «la vida no me da para más»

La creatividad y la sabiduría que necesitas
para crear tu vida son estados de conexión con
el mundo de las ideas que nacen de la calma
y de la apertura. El orden y la sencillez
te aportan eso.

Lista de compromisos

En este nuevo ejercicio te invito a hacer una lista de todos los compromisos que tienes adquiridos: reuniones no obligatorias, colaboraciones con asociaciones, compromisos fijos en la semana...

Una vez tengas la lista sigue los siguientes pasos:

- En una escala del 1 al 10, siendo el 10 *mucha*, ¿cuánta energía te consume ese compromiso? Deja que aparezca un número y apúntalo.
- ¿De dónde ha aparecido el número: ¿de la cabeza, del corazón, del cuerpo? Estas preguntas son para que te observes y veas que hay diferencias en función del lugar desde donde te aparece el número.
- Para las actividades con un número superior a 5 pregúntate ¿cómo de necesario es este compromiso? ¿Qué pasaría si no fuese y dejase ese compromiso? ¿Podría dejar mi compromiso hasta que me reordene y encuentre el equilibrio?

A veces, por no saber decir «no» o por costumbre, añadimos a nuestra vida compromisos que nos consumen energía. Tal vez en su momento no lo hacían, pero a lo mejor en la situación actual que tenemos sí, y vamos a tomar decisiones al respecto con este ejercicio.

Probablemente algunas veces adquieras compromisos para sentirte importante, aceptado y valorado. Reflexiona sobre ello. No tienes que gustar a todo el mundo, además tú ya eres importante y valioso.

Tenemos X energía y aprender a distribuirla, manejarla, recargarla... es clave para ser productivo. Cuando hablo de manejar la energía hablo de manejar la atención. Recuerda que donde va a la atención, va la energía y va el pensamiento.

Equilibrio de energías

Te sugiero que revises qué significado tiene cada una de las energías que hemos comentado en el capítulo. Considera que esta propuesta es un modelo. Hay determinadas actividades que contribuyen a varios planos al mismo tiempo. En la vida todo sucede al mismo tiempo. Sin embargo, nosotros necesitamos tener modelos para que nuestra mente cognitiva los entienda.

El equilibrio de energías consiste en dedicar espacios de tiempo a las cuatro energías a lo largo de una semana. Tal vez en un día esto es difícil de mantener, sin embargo, por mi experiencia personal, es necesario ajustarlo en la semana para evitar descompensación. Para mantener el equilibrio no es efectivo trabajar, por ejemplo, tres meses muy intensamente y después irte diez días a descansar.

La pregunta clave aquí es: ¿Cuántas horas y con qué estado dedicas al día a cada una de esas energías? No tienes porqué dedicar las mismas horas, tienes que sentir tu propio equilibrio.

Si eres un trabajador del conocimiento probablemente la energía que inviertes en la parte mental sea elevada con respecto a las otras energías.

ENERGÍA	QUÉ ES	LA TRABAJAMOS CUANDO	NOS APORTA
Física	La energía que nuestras células necesitan para vivir	Respiramos conscientes, comemos sano, dormimos, descansamos, hacemos ejercicio físico, nos damos un masaje, etc.	Salud y bienestar para poder realizar otras actividades de forma más plena y atenta.
Emocional	Nos sirve para relacionarnos con el entorno. Vivir las emociones de forma constructiva para vincularnos con los demás y adaptarnos a los retos	Reconocemos y aceptamos nuestras emociones y las utilizamos para construir. Estamos disfrutando con nuestra familia, amigos, pareja, hijos, la naturaleza, nuestras actividades...	Equilibrio emocional: empatía, autogestión, autoconfianza, sociabilidad, seguridad, etc.

ENERGÍA	QUÉ ES	LA TRABAJAMOS CUANDO	NOS APORTA
Mental	La energía mental es la energía que utilizamos para aprender, leer, reflexionar, dar forma a nuestras ideas.	Leemos, visualizamos, trabajamos con el ordenador, escribimos, tocamos un instrumento, planificamos, tomamos decisiones, estudiamos, pensamos, etc.	Mayor entendimiento de lo que nos rodea, conocer nuevas herramientas y desarrollar habilidades para nuestra vida.
Espiritual	Es la fuente que nos inspira, nos marca nuestra dirección, nuestro para qué en la vida. Es la motivación interna que nos mueve.	Conectamos con nosotros mismos, sentimos amor, entusiasmo, compasión, integridad, armonía, somos conscientes de que pertenecemos a sistemas superiores. Se puede trabajar practicando yoga, meditación, paseando en la naturaleza, desarrollando nuestra creatividad, etc.	Paz, tranquilidad, serenidad, amor, renovación, entrega al momento presente.

Evaluación previa

En una escala del 1 al 10, siendo 10 *muy bien*, evalúa los siguientes aspectos. Relájate, respira consciente y conecta con tu cuerpo para que las respuestas sean más sinceras. Contesta rápido, lo primero que aparezca.

Energía física:
- ¿Cómo evalúas tu salud en general?
- ¿Cómo te sientes de energía física?
- ¿Cómo es tu descanso por la noche?
- ¿Cómo de saludable consideras que es tu comida?

Energía mental:
- ¿Sientes tu mente despejada y clara?
- ¿Cómo evalúas tu energía mental?

Energía emocional:
- ¿Cómo evalúas tu relación con tus compañeros de trabajo?
- ¿Cómo evalúas tu relación con tu familia?
- ¿Cómo evalúas tu relación con tus amigos?
- ¿Cómo evalúas el tiempo que dedicas a tus relaciones, la energía emocional?

Energía espiritual:
- ¿Cómo evalúas el tiempo que dedicas a conocerte, contemplar, reflexionar sobre ti y la vida?

Es posible que alguna de las puntuaciones te haya sorprendido. Poner solución a las preguntas que tienen valores inferiores o iguales a 4 está en tus manos. Tienes un gran poder, sobre todo si te comprometes contigo mismo y la transformación.

¿Qué energía debes fomentar y cuál disminuir?

Para definir tu nuevo equilibrio, si lo quieres modificar, imagina cómo sería tu semana ideal, lo que harías, sentirías, lo que te gustaría experimentar. Siéntela:

¿qué ves, qué escuchas, qué cosas diferentes estás haciendo...? Escribe o dibuja en una hoja de papel lo que emerja.

Aquí te dejo la última pregunta, ¿lo que vas a hacer hoy o lo que ya has hecho te conduce hacia esa semana ideal?

En el capítulo te he sugerido diferentes actividades que puedes realizar y que contribuyen a cada una de las energías.

Ahora te invito a que respondas las siguientes preguntas para reflexionar sobre ello:

- ¿Qué nuevas actividades vas a añadir a tu vida para mantener los equilibrios?
- ¿Cuántas horas va a dedicar a la semana?
- ¿A qué te ayudará adquirir nuevos compromisos contigo mismo?
- ¿Qué necesitas creer para que esas actividades pasen a formar parte de tu rutina semanal?
- ¿En quién te tienes que convertir para mantener esos equilibrios? ¿Quién serás?
- ¿Cómo afectará a tu entorno el equilibrio que has diseñado para ti?

Pregunta final: ¿qué necesitas creer para comprometerte con el equilibrio? ¿Qué nuevos y diversos recursos vas a desplegar para que el compromiso se produzca?

Tu mentalidad productiva

Tu mentalidad productiva es tu forma de pensar sobre el tiempo, la productividad, tus capacidades y habilidades para la organización, planificación... y las creencias sobre ti y la vida que puedan influir en tu productividad. Tus valores relacionados con la productividad también son importantes, determinan la manera en la que te relacionas día a día con el entorno y con tus actividades.

En este ejercicio te sugiero hacer una revisión de las creencias que tienes acerca del orden, del tiempo y de ti mismo como persona que es capaz de realizar acciones.

El objetivo es que al final del ejercicio tengas un manual donde recojas la mentalidad que te ayuda a ser más productivo con consciencia.

Descubre cuál es tu forma de pensar a través de los siguientes ejercicios.

Orden

- ¿Qué significa para ti *orden*? ¿Cómo sabes que algo está ordenado?
- ¿Qué te impide ser ordenado o tener orden?
- ¿A qué te ayuda el desorden? ¿A qué propósito mayor contribuye ese desorden?
- ¿Podrías mantener el orden y seguir contribuyendo a tu propósito mayor?
- ¿Cómo crees que te ayudaría un mayor orden fuera y dentro de ti?
- ¿Qué nuevas formas de pensar te gustaría añadir a tu mentalidad?

Escribe las respuestas y las nuevas ideas o dudas que te hayan surgido mientras trabajabas el ejercicio.

Reflexiona sobre lo que has escrito. ¿Percibes alguna creencia que te está limitando o no apoya lo que quieres para tu vida?

Señala esas creencias y pregúntate ahora:

- ¿A qué te ayuda esa creencia? Si te dices: «a nada», siento decirte que esa respuesta no es correcta. Si ésta no te hubiera ayudado, no la tendrías.

¿Qué sientes que te facilita esa creencia? A veces las creencias nos ayudan a tener un miedo bajo control o evitar hacer algo concreto o ir en una dirección. Te sugiero reflexionar sobre ello. Las creencias son afirmaciones que das por ciertas sin cuestionártelas.

- ¿De qué otra forma más enriquecedora para tu vida podrías expresar esa creencia manteniendo su utilidad si es importante para ti?
- ¿Qué tendrías que creer para sentirte como tú quieres y actuar de acuerdo a tus necesidades presentes?

Crea un texto con creencias que te ayudan a tener más orden en tu vida y sentirte más satisfecho.

Tiempo

Existe un tiempo físico y otro tiempo relativo que creas en tu mente. Algunas de las preguntas que puedes utilizar para descubrir cómo piensas acerca del tiempo en tu mente son:

- ¿Sueles pensar que las cosas se hacen en un momento?
- ¿Sabes cuánto tardas en realizar las acciones de tu día a día?
- ¿Te preguntas alguna vez por la duración de todos los pasos que vas dando durante el día?
- ¿Qué piensas acerca del tiempo: «se pasa rápido», «no tengo tiempo», «me falta tiempo», «me sobra tiempo», «no sé qué hacer cuando tengo tiempo»…?
- ¿Dónde suele estar tu mente habitualmente: en el pasado o en el futuro?
- ¿Qué crees acerca de la relación entre tiempo y productividad?

- ¿Qué creencias te ayudan a pensar que puedes ser más efectivo para invertir menos tiempo en las tareas?
- ¿Qué crees acerca de la puntualidad y la impuntualidad?
- ¿Crees que el tiempo pasa y tú lo observas desde fuera o crees que tú puedes estar activo respecto al tiempo, es decir, haces que las cosas sucedan?

Lo que crees es lo que construye tu realidad. Si piensas que no tienes tiempo así será, te pasarán infinidad de cosas para que no lo tengas. Si crees que las cosas se hacen en un momento te comportarás en consecuencia pero sabes que no es así, todo tiene su duración en este plano. El tiempo es continuo, nunca se detiene. Aunque a veces en tu mente puede parecer que se detiene.

El tiempo es gestionado por la atención. Si tu atención está fuera del momento presente el tiempo es como si desapareciese sin darte la oportunidad de crear desde ahí.

Cuando estás presente el tiempo y tú vais de la mano, y la creación es continua y fluida.

Escribe la mentalidad sobre el tiempo que debes tener para que el tiempo sea tu aliado y no tu enemigo. Te sugiero también cuestionar las creencias limitantes que hayas detectado sobre el tiempo.

☑ NOTA

Robert Dilts define las creencias como juicios y valoraciones acerca de nosotros mismos, los demás y el mundo que nos rodea. Una creencia es un patrón de pensamiento habitual. Estas creencias en su mayoría las hemos incorporado en nuestra mente sin cuestionarlas. Las hemos oído de pequeños o las hemos creado a partir de experiencias en las que seguro nos faltaba información.

☞ TRUCO

Si conoces a alguien productivo y es un ejemplo para ti, queda con él o ella y pregúntale sobre su mentalidad. Seguro que descubres cosas muy interesantes.

◎ CLAVES

Te sugiero que implementes estas claves en tu vida para continuar pacificando tu mente. Lo interesante es probarlas y observar qué pasa en tu vida. De qué te das cuenta. Las que no te ayuden ya sabes, suéltalas. No todo funciona a todos.

1. Agradece, cada instante hay miles de motivos y cosas que agradecer (una sonrisa, el sol, las nubes, tu cuerpo, caminar...)
2. Sé generoso, seguro que hay algo que te encanta dar a los demás (alegría, energía, conocimiento, escucha, cariño...) Expándelo a raudales.
3. Respira consciente, acuérdate de hacerlo. Te ayuda a saber cómo te encuentras, a practicar la conexión con tu cuerpo.
4. Observa las situaciones y a las personas sin juzgar. Con curiosidad por su mundo interior. Prueba a pasar días enteros sin juzgar. Te sorprenderá la cantidad de veces que estamos juzgando durante el día.
5. Suelta la queja. La queja es como un clavo que te deja rígido en una posición. Te inmoviliza.
6. Siente en lo más profundo de ti que no hay nadie igual a ti. Eres único y valioso más allá de lo que tienes y haces.

7. Sueña en grande con el corazón. Soñar es gratis y no lo hacemos casi nunca o lo hacemos en pequeño. Tú puedes marcar una diferencia en el mundo.

8. Crea las experiencias que quieres vivir en tu vida y se tú el que camina en el tiempo y no el tiempo el que camina hacia ti.

📖 CUENTO

El tarro y el maestro

Un día, un profesor fue contratado para dar una formación sobre la planificación eficaz de su tiempo a un grupo de quince ejecutivos de grandes compañías.

Parado delante de ese grupo de élite que estaba listo para anotar todo lo que el experto les iba a enseñar, los miró uno por uno, atentamente, y les dijo «Vamos a hacer un experimento»

Debajo de la mesa que lo separaba de sus alumnos, el profesor sacó un inmenso tarro de vidrio de más de 4 litros, que colocó delicadamente sobre la mesa, delante de él.

Luego sacó alrededor de doce piedras tan grandes como bolas de tenis y las depositó cuidadosamente, una por una, en el gran tarro.

Cuando el recipiente se llenó hasta el borde y era imposible agregarle una sola piedra más, levantó lentamente los ojos hacia sus alumnos y les preguntó:»¿Les parece que el tarro está lleno?» Todos respondieron: «Sí».

Esperó unos segundos y agregó: «¿Están seguros?».

Entonces, él se agachó de nuevo y sacó de debajo de la mesa un recipiente lleno de piedrecillas. Con mucho cuidado metió las piedrecitas entre los huecos que habían dejado las piedras grandes y sacudió ligeramente el tarro.

Las pequeñas piedras se infiltraron entre las grandes... hasta el fondo del tarro.

El profesor levantó nuevamente los ojos hacia su auditorio y reiteró su pregunta:

«¿Les parece que el tarro está lleno?».

Esta vez sus brillantes alumnos comenzaron a entender lo que estaba haciendo.

Uno de ellos respondió: «¡Probablemente no!»

«Bien», respondió el profesor.

Se agachó nuevamente y esta vez sacó de debajo de la mesa una bolsa de arena. Con mucho cuidado agregó la arena al tarro.

La arena rellenó los espacios existentes entre las piedras y las piedrecitas.

Una vez más, preguntó: «¿Les parece que el tarro está lleno?».

Esta vez sin pensarlo dos veces y en coro, los brillantes alumnos, respondieron: «¡No!»

«¡Bien!», respondió el viejo profesor.

Y, tal como esperaban sus prestigiosos alumnos, el hombre cogió la botella de café que estaba sobre la mesa y llenó el tarro hasta el tope.

El profesor levantó entonces los ojos hacia su grupo y preguntó:

«¿Qué gran verdad nos demuestra esta experiencia?».

El más audaz de sus alumnos, reflexionando sobre el tema de este taller, respondió:

«Esto demuestra que incluso cuando creemos que nuestra agenda está completamente copada, si lo deseamos realmente, podemos agregar más citas, más cosas para hacer».

«No», respondió el viejo profesor.

«No es eso. La gran verdad que nos muestra esta experiencia es la siguiente:

Si uno no mete las piedras grandes primero en el tarro, jamás podría hacer entrar el resto después».

Hubo un gran silencio, en el que cada uno estaba tomando conciencia de la evidencia de estos hechos.

El profesor dijo entonces:

«¿Cuáles son las piedras grandes en sus vidas?».

Lo que hay que retener es la importancia de meter esas PIEDRAS GRANDES en primer lugar en la vida. «Quiero que se den cuenta de que este tarro representa la vida».

Las piedras son las cosas importantes como tú, la familia, los hijos, la salud, los amigos…

Son cosas que, aún si todo lo demás lo perdiéramos y solo éstas quedaran, nuestras vidas aún estarían llenas.

Las piedrecillas son las otras cosas que importan, como el trabajo, la casa, el coche, etc.

La arena es todo lo demás… las pequeñas cosas.

Si ponemos primero la arena en el tarro, no habrá espacio para las piedrecillas ni para las piedras.

Lo mismo ocurre con la vida.

Si gastamos todo nuestro tiempo y energía en las cosas pequeñas, nunca tendremos lugar para las cosas realmente importantes. Presta atención a las cosas que son cruciales para tu felicidad.

Juega con tus hijos, dedica tiempo a revisar tu salud, ve con tu pareja a cenar, practica tu deporte o afición favoritos.

Ocúpate de las piedras grandes primero, de las cosas que realmente importan.

Establece tus prioridades, el resto es solo arena...

Uno de los alumnos levantó la mano y le preguntó qué representaba el café. El profesor sonrió y le dijo: «¡Me gusta que me hagas esta pregunta! El café es para demostrar que, aunque tu vida te parezca llena, siempre hay un lugar y un momento para un café con un amigo».

PERSPECTIVA

Eres el creador de tu destino. Y lo creas con cada decisión que tomas. En cada minuto de tu vida con tus pensamientos y acciones construyes tu camino. Eres creador porque tienes el poder de elegir. Tú puedes elegir las experiencias que quieres vivir.

¿Qué sientes al leer estas frases? A algunas personas estas frases les motivan, las viven como un reto, sin embargo, también es habitual sentir miedo, vértigo, indecisión, incredulidad...Es normal, son reacciones previsibles al descubrir que tienes semejante poder.

No temas a tu propio poder. Práctica la confianza en ti mismo y la vida. Le fe es una fuerza poderosa que te traerá lo que necesitas si tienes determinación para elegir y comprometerte con tus intenciones.

Como dice la archiconocida cita de Henry Ford: tanto si crees que puedes como si crees que no puedes estas en lo cierto. Así que elige creer en tu poder y en tu magia para hacer realidad tus sueños.

Si tienes la creencia: «yo no puedo hacer nada con mi vida, me ocurren situaciones que no elijo», es un buen momento para dejar de leer unos minutos y cuestionarte esta creencia con amor hacia ti mismo y revisar los ejercicios propuestos para el primer paso.

Puedes mirar a tu alrededor y buscar personas que tienen éxito en sus vidas según tu percepción y preguntarles qué piensan acerca del poder que tienen sobre sus vidas. Aprendemos imitando desde el momento en que nacemos. Usa esta técnica para fijarte en las personas que admiras. ¿Qué hacen, qué piensan, cuáles son sus creencias, sus valores, sus habilidades, sus trucos...?

Es cierto que la vida, a veces, nos trae situaciones con hechos que son los que son. Dolorosos o poco agradables.

La actitud y la energía con la que canalizas, transformas y vives la experiencia dependen cien por cien de ti.

Te invito a que veas, sientas y escuches las situaciones desde este lugar: todo lo que ocurre en la vida es aprendizaje, aunque a veces niegues y rechaces lo que te está pasando. Vivir con esta idea te ayuda a atravesar las experiencias de forma diferente.

Si piensas en tu día a día, ¿percibes que muchas de las cosas que estás haciendo, en este momento, en tu vida no te están conduciendo hacia donde tú quieres?

¿Te gustaría tener opciones que enriquezcan tu vida, ahora?

¿Sientes curiosidad por saber cómo creas el tiempo dentro de ti?

¿Estás dispuesto a comprometerte y explorar nuevos caminos para ponerte en acción y accionarte?

Lo que te voy a contar sobre tus intenciones, la planificación y el tiempo, lo tienes que poner en práctica y comprobarlo por ti mismo. Es un proceso que podrás repetir hasta que lo puedas perfeccionar dentro de ti. Aprendemos superponiendo información a distintos niveles. La práctica continua es lo que hace que puedas interiorizar ese proceso, como cuando aprendiste a andar, a ir en bicicleta o a conducir el coche.

> No importa tanto la teoría
> como la práctica en sí misma.
> JULIA CAMERON

Eso sí, tendrás que estar atento y abierto para acceder a las infinitas posibilidades que se dan en cada momento.

Sobre el tiempo te voy a contar una anécdota personal que me dejó estupefacta. En mi caso la experiencia reafirmó la idea de que el tiempo, además del físico y medible, es algo que también construimos dentro de nosotros mismos.

Una vez tenía que ir en avión desde Almería a Madrid y allí hacer un trasbordo para coger el último AVE dirección a Zaragoza. Para hacer ese trasbordo tenía una hora y cuarenta minutos, tiempo de sobra para ir del aeropuerto a la estación de tren, porque el desplazamiento se puede hacer en una hora. Pero el avión se estaba retrasando en Almería. Primero, quince minutos. «Bueno, no pasa nada», pensé. Aunque me puse nerviosa.

Los minutos pasaban y el vuelo se retrasó otros treinta minutos. Pensé: «¡Uf! Si pierdo el AVE tendré que buscar alojamiento en Madrid... con las ganas que tengo de llegar a casa». De repente, me di cuenta de que estaba llevando mi mente al futuro. Estaba allí, sentada, en el aeropuerto de Almería, dejando sin más que mi mente divagara sobre lo que iba a pasar. Empecé a respirar, consciente, para volver al *ahora*, sin adelantar acontecimientos. Pasaron hasta sesenta minutos (¡una hora entera!) antes de montar en el avión para despegar.

Si hacía cálculos sólo tenía cuarenta minutos para bajar del avión en Madrid, recorrer la T4 hasta la salida de taxis, encontrar un taxi e ir a la estación de tren ¡a una hora de camino!

Material, física y lógicamente... no era posible llegar.

Durante el vuelo, procuré hacer lo mismo que durante la espera para embarcar: respirar y centrarme en el *ahora*. Nada más podía hacer, salvo estar en el momento presente, manejando mi mente y mis emociones.

Al aterrizar, me concentré. En ese momento sí que visualicé lo próximo que iba a realizar, con calma. Así que bajé del avión, recorrí a paso rápido la terminal, llegué a la parada de taxis y le dije al taxista:

—En veinte minutos sale el AVE que tengo que coger.

—Llueve. Y hay atasco —me dijo él.

Supongo que pensó que yo era bastante peculiar cuando le dije «no te preocupes, vamos a llegar, sólo concéntrate y pon energía en la conducción». Era un chico joven, despierto, supongo que abierto a experiencias emocionantes. Creo que se lo tomó como un reto personal...

El final ya te lo imaginas: ¡llegué justo antes de que saliera el AVE!

El taxista se quedó alucinado cuando llegamos a la estación. ¿Hacer un trayecto de una hora en menos de veinte minutos un día con lluvia en Madrid? No se lo creía, ni entendía qué había pasado.

Yo tampoco. Solo sé que cuando tu estado es de presencia y confianza, cuando no dejas que la mente divague sin más, el mismísimo tiempo se pone de tu lado.

¡Ah! Por si te lo estás preguntando: ¡sí, le dejé una muy buena propina al chico!

¿Estás preparado? ¡Vamos a explorar!

Intención, meta y objetivo

Todos tenemos un propósito en esta vida. Un don que aportar. El camino es conectar con lo que nos entusiasma, ese es el propósito, y dejar que la fuerza de la vida le dé forma.

La intención, la meta y el objetivo son las distintas perspectivas en las que vamos a profundizar para estructurar tu trabajo y encauzar tus proyectos y sueños.

La perspectiva es como subirse a diferentes alturas desde las cuales atisbas tu camino para motivarte, enfocarte y ponerte en acción, siendo consciente del sentido de tu vida.

Las intenciones te proporcionarán motivación.
Las metas, foco.
Los objetivos te pondrán en acción.

Según el diccionario de la Real Academia Española (RAE), intención es «la determinación de la voluntad en orden a un fin». La meta es el destino al que se dirigen las acciones o deseos de alguien. El objetivo es «lo que existe realmente, fuera del sujeto que lo conoce», es decir, el resultado materializado.

Ya hemos hablado de que las intenciones nos permiten conocer la dirección de nuestra vida: saber en qué queremos convertirnos, cómo queremos sentirnos, qué queremos aportar al mundo y qué queremos para nosotros. La intención es la dirección y el impulso, aporta motivación y sentido a lo que hacemos.

La intención es más poderosa que el deseo. Un deseo puede ser sólo eso, un deseo. Sin embargo, la intención es el deseo puesto en acción, es un proceso que te orienta en una dirección.

No recorres un camino deseando hacerlo, lo recorres dando pasos, caminando.

La intención es el proceso de obtención del objetivo. Por eso está en un nivel superior o más profundo. La intención sería el director de orquesta que dirige con armonía. La intención es la fuerza motriz que transforma el deseo en acción. La intención no cuestiona si el objetivo es alcanzable o no, simplemente te dirige hacia allí: es el proceso de obtención del objetivo.

Seguramente estás más acostumbrado a trabajar con objetivos y metas. La consecución de diferentes metas marcarán las etapas en las que vamos a estructurar nuestra intención (el viaje). Son algo así como los tramos del viaje que queremos hacer y que nos irán conduciendo hacia el destino final. Representan el medio plazo.

Los objetivos, el nivel más específico, son los distintos proyectos de corto plazo que vamos marcándonos para llegar a la meta. Será aquello que tiene que cobrar una forma concreta. Serán los hechos, el resultado, los pasos efectivos dados en el camino.

El objetivo, para que esté bien formulado, hay que concebirlo como algo acabado o finalizado. El objetivo es el resultado que quieres obtener. Tiene que ser conciso, concreto, alcanzable, realista y limitado en el tiempo.

En tu día a día, manejarás los objetivos, que estarán vinculados o relacionados con una meta y contribuyendo a tus intenciones.

La intención es lo que nos mueve, lo que nos pone en marcha. Para definir la intención necesitas tener un estado de calma, de conexión contigo mismo y con todo lo que te rodea. Las intenciones brotan de la pregunta: ¿Qué es lo que más quiero crear hoy en mi vida?

Según las enseñanzas del Coaching Generativo, una intención se define con la suma de tres partes:

1. La parte cognitiva. En esta parte se describe la intención con palabras, cinco máximo. Cuantas más palabras ponemos, más limitamos la intención y su significado.
2. La parte visual. Conecta con tu intención y deja que aparezca una imagen. No la busques, que sea espontánea. Puede ser real o simbólica.
3. La parte somática es la expresión de la intención sentida en tu cuerpo. Es un movimiento corporal, cómo se expresa tu cuerpo.

En el apartado de ejercicios desarrollo en profundidad esta idea y te propongo que la trabajes en detalle.

En resumen, la intención es la dirección o el lugar que elegimos para el viaje. Tal vez no conozcamos cómo será la forma del destino final de nuestro viaje, pero sí sabemos hacia donde queremos ir.

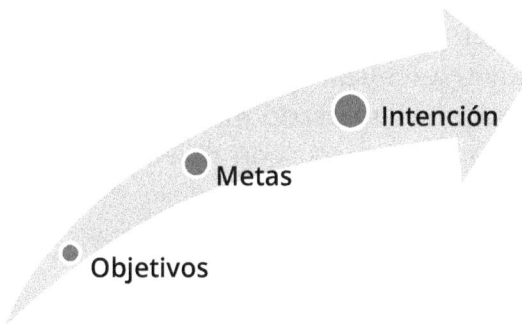

Intención
Metas
Objetivos

La intención es la dirección del camino que construimos poco a poco marcando metas y objetivos.

Los objetivos son los pasos a corto plazo que nos iremos marcando.

Las metas son los puntos de llegada a medio plazo.

Por ejemplo, en mi caso, una de las intenciones que tengo es compartir el conocimiento y mis experiencias para acompañar a otras personas en el camino de la autorrealización de forma productiva. Una de las metas que me planteé para contribuir a esa intención fue escribir, porque además de pequeña soñaba con ser escritora. Los objetivos son los pasos que me he ido marcando para hacer realidad este libro. Algunos de los objetivos que me puse fueron: tener a un editor que me guiara el proceso de escritura, estructurar el libro en forma de mapa mental, dejar listo el primer borrador del libro en una fecha concreta... Para cada uno de esos objetivos me tracé planes de acción.

Tanto los objetivos como las metas me hacen sentirme bien, en un estado de satisfacción personal. Chequea en tu cuerpo como te hacen sentir las metas que deseas.

Dibujar estas líneas nos ayuda a focalizarnos, a entender los pasos que tenemos que dar para caminar hacia nuestra intención sin perdernos. También nos ayudará, más adelante, a saber qué cosas son las que debemos posponer o no en un determinado momento.

Al final del capítulo te voy a proponer un ejercicio que te ayudará a realizar y conectar con tus intenciones. Más adelante, en el apartado «programar» del método, te mostraré cómo es trabajar con objetivos y metas.

Planificar es trazar la ruta

Imagina que eres un pirata que surfea los mares en búsqueda del tesoro. Más importante que el tesoro, del que no sabes mucho con precisión, es trazar la ruta que te conducirá hasta allí. Trazar los puntos por los que tienes que pasar para obtener las informaciones precisas que, poco a poco, se convertirán en el mapa que te llevará al tesoro.

Eso es planificar. Definir la estrategia que vas a seguir. Poner atención a la construcción de la ruta y a cada paso que das en ella para alcanzar tus sueños o intenciones más profundas. Planificar, aquí, no es decidir con antelación lo que vas hacer dentro de siete días. Planificar es tener perspectiva para mantenerte en el camino, estar atento y no desviarte.

El día a día lo tienes que vivir de forma espontánea. La vida se puede manejar, no controlar. Si comprendes esto podrás viajar sin ceñirte a un plan rígido que prevea las distintas posibilidades. Seguro que más de una vez tus planes no se han cumplido y te has frustrado por ello.

Si tan solo pones atención en el resultado final y te obsesionas con ello, creas expectativas en tu mente de cómo debe ser, cuándo debe cumplirse... La gran mayoría de las veces, por no decir siempre, no se cumplirán tus expectativas tal cual las habías imaginado y eso te hará sufrir. Si tu atención está en el futuro te pierdes lo que hay aquí y ahora y te dispersas de lo que hay que construir para llegar al resultado. Guíate por tu intuición o tu sabiduría interna.

El resultado se va definiendo con cada paso,
con cada acción realizada, por eso es tan
importante dar los pasos con atención plena
y recoger los aprendizajes para llegar sanos y
salvos al lugar donde aguarda el tesoro.

La planificación es la fase en la que se necesita tener claro cuáles son las prácticas que nos permiten dirigirnos hacia la intención sin perder el equilibrio de energías en la vida.

Planificar la ruta requiere dedicarle tiempo. Es una fase importante para garantizar una vida equilibrada y armoniosa que te proporcionará bienestar.

Niveles de planificación

Hoy en día el trabajo para muchos es cambiante y cada día diferente. Lo estamos creando, somos moldeadores del conocimiento.

Imagina que eres un aprendiz de alfarero. Delante de ti tienes varios pedazos de barro. Tienes que elegir uno, aparentemente todos son iguales, pero sabes que no es así. De cada uno de ellos saldrá una vasija única.

Coges uno, lo acaricias con tus manos sintiendo el frescor del barro y su increíble olor a mojado. Lo miras detenidamente, dentro de ti sientes cómo es ese proceso de moldear, poco a poco, caricia a caricia, el barro hasta convertirlo en vasija. Puedes imaginar la forma de la vasija y sus colores... pero justo en este momento estás centrado en escuchar el sonido del torno: un suave zumbido continuo que te invita a concentrarte. Sentir todo esto dentro de ti hace que un escalofrío recorra tu cuerpo.

Puedes repetir una y mil veces el proceso hasta crear la vasija que ya existía en el pedazo de barro, y en ti. Todas las vasijas que has ido haciendo te han llevado hasta esta última. Ha sido el proceso de moldear vasijas lo que te ha conducido hasta esta vasija única que nació de tu intención.

Es posible que lleves entre manos varios proyectos, tengas varios más en la recámara o que las exigencias de la empresa donde trabajas cambien cada día o incluso cada hora.

Necesitas tener clara la dirección a la que contribuyen tus acciones para estar motivado mientras mantienes el equilibrio y el estado relajado atento que te permite ser creativo, dinámico y flexible en tus respuestas al entorno.

Para mantener los equilibrios de energía y el foco te recomiendo una planificación en cuatro fases:

1. Base
2. Intenciones
3. Metas
4. Objetivos

Planificación base

La planificación base es la primera que debes realizar y es sobre la que basarás las decisiones de qué tareas realizar o no. Es decir, si las proyecciones a futuro son los pilares que sustentan la construcción, la planificación base son los cimientos.

El objetivo de la planificación base es que tú tengas claro cuáles son las prácticas generativas, los hábitos que te ayudan a mantener el equilibrio de las energías que has trabajado en el capítulo anterior.

Estas prácticas son compromisos que debes adquirir contigo, así que es importante que las tengas en cuenta para evitar llenar esos huecos con acciones relacionadas con tus proyectos pero que te desvían del equilibrio.

La vida se equilibra a sí misma y surgen situaciones como, por ejemplo, problemas de salud que compensan el área donde te enfocas demasiado. Te invito a que los consideres como una posibilidad de reflexión sobre tu propia vida.

Esta planificación base la puedes tener reflejada en un calendario en papel o en las aplicaciones del móvil. Si eres de los que llenan los huecos de su agenda con actividades profesionales te recomiendo programar estas actividades como si fueran compromisos: anota tus noventa minutos de natación como si fuesen una reunión de trabajo.

Lo más importante es ser consciente
de las decisiones que tomas y lo que estas
eligiendo en cada momento con tus acciones
y pensamientos.

Los compromisos con tus prácticas generativas no deben suponerte una obligación. Hay que aprender a vivir con la flexibilidad necesaria para adaptarte a cada momento. Lo que un día te sirvió puede que hoy no. Flexibiliza la mente para probar cosas diferentes.

Perspectiva de las intenciones

Si no tomas el tiempo para definir qué quieres
hacer en tu vida, pasarás el resto de tu vida
realizando las metas de los demás.
STEVE PAVLINA

La planificación de intenciones consiste en tener un lugar visible, una pizarra, un papel colgado en tu estudio, una libreta... donde puedas reflejar las intenciones que quieres que dirijan tu camino los próximos años o incluso el resto de tu vida, si las tienes claras. Esto te dará perspectiva.

Esta planificación de intenciones se puede revisar una vez al año o cada seis meses o cuando sientas que debes parar para observar cuál es la dirección que están tomando las acciones de tu día a día. Para comprobar que no te estás desviando de la dirección.

A veces, el día a día, los imprevistos, las prisas, el no saber decir que no... provocan que te desvíes del camino que te conduce hacia tu vida ideal. Imagina de nuevo que eres el pirata en busca del tesoro y estás en una de las islas en medio de una selva frondosa. Tienes que abrirte paso para trazar una ruta que te conduce al tesoro escondido. ¿Qué pasaría si sólo te centraras en talar las hierbas para abrirte paso? Es posible que aparecieras en cualquier punto de la isla.

Planificación de metas

Si continúas imaginando que eres el pirata en búsqueda del tesoro perdido, las metas serían las diferentes islas por las que hay que pasar y recoger información para elaborar el mapa del tesoro. Sin el mapa, el pirata difícilmente podrá alcanzar su intención: encontrar el tesoro y disfrutarlo.

Las metas son a medio plazo, así que para cada intención habrá una serie de metas concretas, dos o más. Las metas te indican que vas bien encaminado cuando las alcanzas. Trabajar con metas te ayudará a visualizar cómo se va construyendo el camino que te lleva a lograr tus intenciones. Es, como suele decirse, trocear el elefante para poder comerlo entero. Las metas suelen ser generales, y para alcanzarlas tendrás que haber conseguido previamente dos o más objetivos.

Ejemplo

En mi caso, como comenté en el apartado de definición de intención, meta y objetivo, las metas relacionadas con mi intención de compartir conocimiento eran:

1. Tener un libro escrito, publicado y divulgado.
2. Tener un blog propio donde compartir mi experiencia y aprendizajes.

Las metas deben ser revisadas a menudo y adaptadas a las circunstancias. No las tomes como algo rígido y sé creativo cuando las tengas que reformular o reenfocar.

Planificación de objetivos

Los objetivos son los pasos que a corto plazo te marcas para alcanzar las metas. Los planes de acción se elaboran para los objetivos.

Los objetivos es lo que seguramente conoces como SMART:

*   **S**pecific (específico)
*   **M**easurable (medible)
*   **A**chievable (realizable)
*   **R**ealistic (realista)
*   **T**ime-Bound (limitado en tiempo).

Para el pirata en búsqueda del tesoro los objetivos son la suma de las acciones que necesita realizar para llegar a las islas clave donde recoger información para elaborar el mapa.

Es decir, el pirata posiblemente tendría como objetivos: tener las bodegas llenas de provisiones, seleccionar a los marineros que le acompañarán en la aventura... y todo aquello que necesite para llegar a la primera isla, y a todas las demás, sucesivamente. El pirata sabe que estos objetivos son específicos (su alcance está bien definido), medibles (puede clasificarlos en número y dificultad, por ejemplo), realizables (sabe qué puede hacer para lograrlos), realistas (plantean algo alcanzable) y sabe cuándo podrá finalizarlos.

Los objetivos y los planes de acción serán las partes fundamentales de tu sistema de productividad del que hablaremos en el siguiente apartado: programar.

La planificación y la emoción

La palabra emoción tiene su origen etimológico en la palabra latina *motere*, que significa movimiento. Las emociones son respuestas fisiológicas de adaptación al entorno. Por este motivo es importante reconocerlas en nosotros mismos, comprobar qué estado emocional se ha desencadenado y aprender a cambiarlo si creemos que no es coherente con el momento en el que nos encontramos.

Nuestro estado emocional está directamente relacionado con nuestra disposición para realizar un tipo de tarea u otra. Es difícil proyectar el estado emocional que tendrás dentro de cuatro días. Sin embargo, es fundamental tener el estado emocional acorde a la tarea que quieres realizar.

Es posible que ahora te resulte complicado entender exactamente a qué te puede ayudar conocer tu estado, pero probablemente de manera inconsciente ya lo estás haciendo. ¿Te ha pasado alguna vez que has tenido que cambiar de tarea porque lo que estabas haciendo no te salía, te sentías bloqueado...?

Somos energía y las emociones son energía, producen en nosotros un tipo de movimiento distinto en función de la emoción que estamos sintiendo. Según lo que estamos sintiendo la respuesta que damos es diferente. De hecho, no es lo mismo que tu hijo llore en un momento en el que estás tranquilo, relajado... que cuando estás cansado, estresado o nervioso. Seguro que tu comportamiento varía significativamente.

El resultado que obtienes depende de dos variables: del conocimiento que tienes y de tu estado. En los deportistas, este binomio resulta evidente: sus resultados serán muy distintos dependiendo de su estado el día de la competición.

Por esto, es importante saber qué estado vas a necesitar para realizar un determinado tipo de tareas o acciones. La valoración del estado depende de tu:

1. Estado (escala desde «cerrado» hasta «abierto»)
2. Nivel de energía (escala desde «baja» a «alta»)

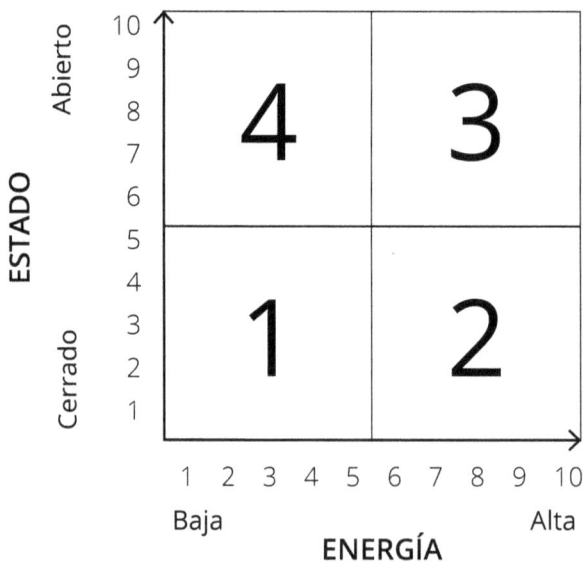

Veamos qué tareas son las más adecuadas para cada cuadrante:

CUADRANTE 1
En este cuadrante tu energía es baja y tu sentimiento es más bien cerrado. Eso quiere decir que estás centrado hacia tu interior. En este cuadrante la emoción básica predominante es la tristeza. Puedes sentir cansancio físico o mental. Las tareas más adecuadas para este cuadrante son las que no necesiten mucha energía física o mental por tu parte. Es buen momento para estar tranquilo y reflexionar, salir a pasear... Si quieres realizar alguna tarea elige tareas que sean sencillas de ejecución, por ejemplo, archivar, ordenar...que te permiten evaluar lo que sientes y recoger aprendizajes.

CUADRANTE 2
En este cuadrante tu energía es elevada con la atención hacia dentro. Así que es buen momento para cerrar acuerdos, poner límites, o fijar fechas para los objetivos, proyectos... La emoción básica predominante aquí sería la rabia. En este cuadrante también puedes realizar acciones que te ayuden a canalizar la energía que sientes, por ejemplo, hacer deporte.

CUADRANTE 3
En este cuadrante tu energía es elevada y tu sentimiento es abierto, esto quiere decir que el foco está fuera. En este cuadrante las tareas más propicias son las relacionadas con la planificación y la proyección hacia el futuro. Estás enfocado a la acción, confiado, seguro, con ganas... En este cuadrante la emoción básica predominante es la alegría intensa. Estas en un momento de entusiasmo. Es un buen momento para adquirir compromisos contigo mismo y con los demás.

También es un buen estado para expresar la creatividad y dar forma a las ideas.

CUADRANTE 4

En este cuadrante la energía es más baja aunque el sentimiento sigue estando abierto. Con el foco fuera. Este cuadrante es bueno para realizar actividades relacionadas con la creatividad: todas las acciones que tengan que ver con la creación, definición de proyectos y la conexión con las intenciones de tu vida.

La creatividad emerge cuando en tu mente hay quietud, requiere que tengas un estado abierto para conectar con el «mundo de las ideas» y establecer conexiones entre áreas o ideas aparentemente alejadas entre sí. En este cuadrante la emoción que puedes sentir es la calma, la paz…

Hay dos formas de unir tarea y emoción:

1. Auto-gestionar tu estado en un momento dado para adaptarlo a la acción que quieres hacer o compromisos adquiridos con anterioridad, reuniones, citas…
2. Modificar la acción prevista o deseada y adaptar la tarea al estado del momento.

Las preguntas que tienes que hacerte para conocer tu estado son dos:

1. ¿En una escala de 1 al 10 cómo siento que está mi energía?
2. ¿En una escala del 1 al 10 dónde tengo puesta mi atención: hacia dentro o hacia fuera?

Deja que el número de evaluación aparezca, no lo busques mentalmente o trates de buscar una explicación racional inmediata. Tienes que dejarte sentir el estado en tu cuerpo y después decidir si realizas una acción para modificar tu estado o si cambias la planificación prevista.

Todos podemos cambiar nuestro estado en una situación concreta si somos capaces de identificar cómo estamos en cada momento y qué cosas nos ayudan a modificarlo. Es un entrenamiento mental que puedes empezar a practicar. No hay otra forma de aprender, salvo practicar, practicar y practicar.

En los ejercicios al final del capítulo trabajarás esto para aprender a valorar tu estado y conocer qué cosas (acciones o pensamientos) te ayudan a modificarlo.

No es el tiempo que dedicas a trabajar sino la calidad de tu estado y la calidad de tu atención.

Ejercicios para trabajar la perspectiva, la magia de enfocarse

En los ejercicios de este capítulo te voy a sugerir que establezcas tu planificación base, tus intenciones y tus metas para los próximos doce meses.

Planificación base

Tras realizar el ejercicio de equilibrio de energías y reducción de compromisos del capítulo anterior has obtenido una serie de prácticas diarias o semanales de las que te quieres responsabilizar.

En el contenido extra de este libro encontrarás un cuaderno que te recomiendo imprimir, para que puedas llevar un registro de tus avances y ayudarte a instalar estos hábitos en tu vida. Lleva este registro e incluso programa avisos en el móvil, al menos hasta que tengas todo esto tan interiorizado que lo priorices de forma natural.

Te recuerdo que puedes descargar el material extra desde este enlace, por si todavía no lo has hecho: http://www.beatrizblasco.com/comunidad-libro-productividad-personal-consciente

¿Qué actividades vas a realizar para cuidar tu cuerpo físico? ¿Y tú espiritualidad?

Al lado de cada actividad que has decidido hacer escribe el para qué, a qué te ayudará esa práctica, a qué está contribuyendo. Por ejemplo, a tener un estado más sereno todo el día, a sentirme más saludable, a profundizar en mi autoconocimiento...

A su vez, pregúntate: todas estas prácticas ¿en quién te convierten?

Imagina que te has comprometido a salir a correr todos los días a las seis de la mañana. Te puede parecer muy duro cuando suena el despertador. Justo en ese momento en el que aparece la pereza imagina cómo te sentirás si te levantas y cumples con tu compromiso. Conecta con lo que quieres para tu vida, con lo que esta actividad te aporta, y piensa a qué propósito mayor está contribuyendo, a qué motivo superior.

Perspectiva de las intenciones

Ha llegado el momento de descubrir y dejar que emerjan tus intenciones más profundas para tu vida ahora.

Te propongo que hagas este ejercicio cuantas veces sean necesarias y vayas actualizando esa información.

Para definir la intención necesitas tener un estado de calma y conexión contigo mismo y todo lo que te rodea. Busca un lugar tranquilo en el que te sientas a gusto. Relaja el cuerpo, respira conscientemente y siente tu centro, el punto de equilibrio. Poco a poco ve ampliando tu consciencia hasta tu corazón, siéntelo abierto con cada respiración que haces, suavemente desliza tu atención hacia la cabeza mientras mantienes la conexión con los dos centros (tripa y corazón). Siéntete despierto, despejado... la mente en silencio, silencio que va dejando más y más espacio en tu mente.

Déjate sentir la siguiente pregunta en el cuerpo como si fuera un mantra:

¿Qué es lo que más quiero crear en mi vida?

Simplemente observa lo que aparece dentro de ti y ve ajustando la respuesta.

Escribe o dibuja en un papel lo que aparezca. Recuerda definir la intención con las tres partes que he comentado en el capítulo.

Después observa cómo está tu cuerpo con la intención lograda. Fíjate en la respiración, en cómo andas, en cómo está la expresión de tu cara, en la tensión muscular, en cómo te mueves. Siente el cuerpo y deja que se exprese, conectado con la intención (tu deseo profundo).

La intención es el lugar de destino que elegimos para el viaje. Tal vez no conozcamos cómo será el final de nuestro viaje, pero sí sabemos hacia dónde queremos ir. (Me repito, lo sé, pero es importante tenerlo claro).

Haz este ejercicio hasta que encuentres las intenciones que quieres para tu vida hoy.

Te sugiero escribirlas y tenerlas presentes.

También te puede ayudar hacerte las siguientes preguntas: ¿de qué quiero ver más en el mundo? ¿Cómo me gustaría que fuese el mundo? ¿De qué manera voy a contribuir yo a mi visión?

Perspectiva de las metas

Ahora nos toca definir las metas teniendo en cuenta las grandes intenciones que hemos definido en el ejercicio anterior.

Escoge una de las intenciones que te hayan salido. Y hazte estas preguntas:

¿Qué me gustaría alcanzar para dar forma a mi intención?

¿Cómo me gustaría sentirme?

¿Qué puedo hacer para sentirme así?

¿Qué me gustaría lograr?

¿Qué siento que puedo hacer para ir en la dirección de mi intención?

Las metas todavía no están definidas y no son concretas. Son los retos que tienes delante, esperándote en el camino que marca tu intención. Son deseos realizables a través de la consecución de los objetivos.

Recuerda que las metas son los faros de luz que te señalan el camino. Las metas son tu foco, los puntos hacia donde debes dirigir tus acciones.

☑ NOTA

Las prácticas generativas debes disfrutarlas. Si cuando las haces sientes que necesitas mucha fuerza de voluntad es momento de parar y observar qué viene a decirte esta necesidad de esforzarte. Tal vez otra práctica sería más adecuada, tienes un conflicto interno entre una parte que quiere una cosa y otra que quiere lo contrario o no has conectado con la motivación principal y la dirección que quieres para tu vida.

Piensa que tu ego y tu mente resisten el cambio, lo de siempre ya les va bien. Sin embargo, hacer las cosas con autoexigencia y con juicios hacia ti mismo no es bueno.

Esta cita que he leído y escuchado unas cuantas veces siempre me ayuda: «Lo que resistes persiste, lo que aceptas te libera»

⚗ TRUCO

Para adquirir los nuevos hábitos te será práctico utilizar el calendario y tachar los días que vas consiguiendo el compromiso. Eso te motivará conforme veas que lo estás logrando. La autodisciplina se retroalimenta a sí misma. A cada hábito nuevo que quieras implantar en tu vida asóciale un *para qué* y unas creencias que lo potencien.

⦿ CLAVES

Es posible que no hayas trabajado con objetivos personales de forma consciente, sino con los de la empresa en la que trabajas. O tal vez hayas comenzado un negocio sin ser consciente de qué quieres a un nivel más profundo para tu vida.

Algunas claves que te ayudarán a desplegar tu conexión con intenciones y metas son:

1. Toda acción lleva asociado un objetivo y motivador principal que quieres satisfacer. Aunque la gran mayoría de las veces este objetivo es inconsciente.

2. Si tus intenciones son inconscientes no puedes mejorarlas o añadir otras nuevas, básicamente porque no sabes cuáles son. Dedica tiempo a observarte para poder conocerte más y poner sobre la mesa tus necesidades, anhelos...

3. Tú mismo creas tu realidad con las elecciones que realizas cada día. Si conoces la dirección principal de tu vida elegirás de forma diferente.

4. Sueña, sueña, sueña... Sin sueños no hay motor para construir en tu futuro algo totalmente nuevo para ti.

5. Cuida de ti. Permítete en tu vida momentos para estar contigo descubriéndote, observándote, reflexionando sin juzgar, ni bueno ni malo, simplemente estando en contacto con tu cuerpo.

📖 CUENTO

La vida de Sueño

En un lugar lejano, hermoso y luminoso del Universo vivía un niño llamado Sueño, el cual anhelaba crecer y conocer otros mundos. Sueño estaba todo el día jugando y explorando posibilidades para construir viajes.

Un día Sueño despertó. En ese momento se dio cuenta de que él no crecía como crecían sus amigos para irse hacia nuevos espacios. Además empezó a sentirse muy débil y poco a poco perdió sus ganas de jugar.

Un gran día llegó un mensajero que llevaba consigo un maletín muy especial que contenía alimentos para fortalecer y hacer crecer a Sueño. También había instrucciones para empezar a caminar hacia un nuevo lugar. Desde el mismo instante en que aquel mensajero llegó, Sueño empezó a sentirse mejor y mejor, ya que cada día aquel mensajero lo alimentaba con aquellos manjares e instrucciones claras.

Muchos caldos de motivos, platos muy nutritivos de tesón y claridad, postres hechos a base de presencia, fantásticos jugos hechos con decisión y lo más importante: mucha confianza.

Sueño creció y creció, y llegó a dejar de ser Sueño para convertirse en Intención y después en Meta. Claro que siguió jugando, pero ya no por aquel espacio lejano, sino aquí en la Tierra. Así conoció otros mundos, mundos como la felicidad y la satisfacción, y un día no muy lejano, Meta dejó de ser Meta y se transformó en REALIDAD.

PRESENCIA

Vas caminando de noche por un camino y estás rodeado por una densa niebla. Pero tienes una linterna muy potente que atraviesa la niebla y crea un espacio estrecho y claro frente a ti. La niebla es tu situación de vida, que incluye el pasado y el futuro; la linterna es tu presencia consciente; el espacio claro del ahora.

ECKART TOLLE

Hemos pasado demasiado tiempo absortos en pensamientos, la mayoría inconscientes. Nos hemos creído a pies juntillas aquello de «pienso, luego existo». En esta fase del aprendizaje para ser más productivo, te propongo volver a conectar con el corazón y poner en todo lo que haces, en tu vida, el alma. Seguro que alguna vez has escuchado que las grandes obras de arte son aquellas que tienen alma.

Haz de tu vida una obra de arte, poniendo toda el alma en ello.

Tal vez no podamos alcanzar a entender en toda su magnitud el concepto de «alma», o prefieras utilizar otra palabra, no importa, porque vas a experimentar a qué me refiero cuando hablo de ello:

Durante mis formaciones de Coaching y PNL descubrí lo importante y maravilloso que era estar presente, desarrollar la PRESENCIA. Sin embargo, fue al leer el libro *El poder del ahora* de Eckart Tolle[3], cuando tomé conciencia de la grandiosidad de vivir ubicada en el presente. En cada palabra, en cada párrafo, se instalaba en mí una sensación mágica de esperanza y unión con todo que es difícil de explicar con palabras. Quién sabe, igual era mi alma celebrando mi despertar. Desde entonces, cada día trabajo mi atención hacia el momento presente, tratando de no pensar en «lo que fue» o «lo que puede ser», sino exclusivamente en lo que soy y lo que hay a mi alrededor, abrazando el instante. Este es, para mí al menos, un camino que tengo que recorrer durante toda mi vida.

En el apartado sobre *Pacificar* te he hablado del equilibrio de energías: física, emocional, mental y espiritual. Para entender mejor a qué te ayuda la presencia, agruparé las energías en tres inteligencias:

1. Somática – cuerpo y emoción.
2. Mental – cognitiva.
3. De campo – conexión con todo lo que te rodea, incluso con sistemas más grandes de los que perteneces.

La inteligencia somática es la capacidad de conectar con tu cuerpo, escuchar e interpretar sus mensajes para crear nuevos recursos, transformar barreras y dejar que fluyan las emociones sin apegarte a ellas. En el cuerpo hay una gran sabiduría que puedes aprender a desarrollar para construir tu camino y dar forma a tus

---

[3] *El poder del ahora*, Eckart Tolle, Ed. Gaia, 2007.

sueños. Aunque te parezca increíble, cuando empiezas a escuchar a tu cuerpo, dejando que se exprese, aparece la magia. Créeme. Si alguna vez has bailado y te has sentido como en trance, sabes de qué te estoy hablando.

La inteligencia cognitiva es la que nos permite expresar y dar forma a la inteligencia somática y a la inteligencia de campo. Es la inteligencia que nos permite sintetizar, relacionar conceptos, proyectar hacia el futuro para elaborar planes de acción... Es una inteligencia lógica, lineal y lingüística. Es la que lleva a cabo las acciones concretas y específicas de los aprendizajes que vamos haciendo a lo largo de nuestra vida. Los grandes científicos o compositores de música primero conectan con un estado que les permita desarrollar su inteligencia somática y de campo, para después, a través del trabajo y la inteligencia cognitiva, elaborar teorías matemáticas o crear composiciones musicales únicas.

La inteligencia de campo es la que nos permite acceder al mundo de las ideas para que el «alma» nos traiga la inspiración y así poder poner el corazón en lo que creamos con nuestras elecciones. La energía de campo emerge cuando estamos presentes en el aquí y ahora. Es ahí donde recogemos los recursos que necesitamos para dar solución a los retos o crear algo nuevo.

Más de una vez he leído que desde la mente no se puede crear algo nuevo sino simplemente cambiar la forma o la apariencia de algo que ya existe. Estoy de acuerdo, y además he experimentado que la creación nace de la alineación de las tres inteligencias. Esa alineación se produce en un estado de presencia.

¿Sabes qué es lo único que siempre, siempre, vive en presente? El cuerpo. El cuerpo, con su sistema nervioso, siempre está presente, percibiendo y almacenando información, a cada momento. Es la conexión con el cuerpo lo que te da presencia, aquí y ahora. Y para conectar con el cuerpo: la respiración. La respiración consciente nos conecta con el cuerpo y nos trae al presente. Desde ahí es posible observar los pensamientos, dejarlos pasar y conectar así con nuevas ideas y nuevos recursos. ¿Alguna vez te ha pasado que estabas saturado, te has ido a pasear tranquilo y ha aparecido la solución al problema que te preocupaba?

El alma sabe y siente. No tiene palabras,
se expresa a través del corazón y utiliza el
cuerpo para poder comunicarse
con la mente.

Por medio de la mente podemos ejecutar e implantar aquello que nos ha llegado a través del alma, conectados con la inspiración. Así que el cuerpo es el eslabón de unión entre mente y alma. En él se haya la llave que te da acceso al Ser Creativo.

Cuanta más presencia pones en tu día a día, más consciencia añades a todo lo que decides y haces en tu vida. Manejas tu mente y usas su poder para construir lo que a un nivel profundo desea tu alma. El verdadero éxito emerge del encuentro entre tu mente y tu alma. Ese es uno de los secretos de muchas de las personas que hacen realidad sus sueños.

La presencia es tu esencia aprendiendo de la experiencia.

Seguramente a lo largo de tu vida has puesto la mente en todo lo que haces. Sin embargo, desde hoy, puedes poner el alma. Dejar que la creatividad, la magia y la inspiración entren en tu vida. Esto es lo que quiero que trabajemos en este punto: que puedas fluir en el momento presente con lo que hay, sin perder el foco y la dirección que sientes para tu vida.

Cuando hay presencia en lo que haces, hay pasión, hay fluidez... y se mantiene el movimiento sereno de la vida. No te sientes estresado, bloqueado o agobiado. Simplemente sabes qué es lo que tienes que hacer en cada momento. Además, permites que la creatividad inunde tu trabajo. Estando presente no sientes preocupación por el resultado final, sino que consigues estar concentrado y atento a cada paso.

Son las semillas que siembras, su cuidado y la paciencia lo que termina dando frutos.

En el estado de presencia sientes que eres mucho más que pensamientos pululando por tu mente y emociones recorriendo tu cuerpo. Es algo así como sentir la vida dentro de ti atravesándote a cada instante. En el estado de presencia no ves la vida pasar, vives la vida, el tiempo se dilata, incluso desaparece para ti, y la armonía te invade.

Lo que el alma sueña,
la mente lo crea y el cuerpo lo vive.

Ahora te voy a mostrar cómo aplicar estas ideas a tu día a día.

¿A qué te ayuda la presencia a nivel de productividad personal consciente?

La presencia te ayuda a focalizar la atención en lo que estás pensando, decidiendo y haciendo en cada momento. Esto te permite estar enfocado y obtener los mejores resultados posibles. Si alguna vez has sido deportista y has competido entiendes muy bien de lo que hablo aquí. Es decir, no sólo necesitas aprendizajes para obtener un buen resultado, sino que también necesitas el estado idóneo, el mejor posible. Y ese es el estado de presencia.

El estado de presencia es un estado en el que te encuentras conectado contigo, te sientes abierto y despejado para manejar con recursos lo que recibes. Esto es lo que le sucede a un futbolista cuando tira un penalti o a un tenista cuando devuelve la pelota para ganar el punto.

El estado de presencia, estoy segura de que lo has experimentado más de una vez en tu vida, es un estado que muchos podrían comparar con el de la felicidad: sensación de estar fluyendo y disfrutando enormemente del momento presente. Así que la presencia te aporta felicidad, tranquilidad, atención... y además te permite acceder al «mundo de las ideas», a la inspiración y sentir la creatividad en su máximo esplendor.

Además, el estado de presencia te enseña a utilizar las emociones para dirigir tu movimiento hacia donde es más idóneo para tu vida. No te apegas a las emociones, pensando que eres triste o miedoso, sino que las utilizas para transformarlas en aprendizajes que te conducen hacia la buena dirección y dar respuestas idóneas al entorno.

Autodisciplina

La presencia necesita autodisciplina. Manejar la mente para utilizarla a tu favor requiere que seas disciplinado, que perseveres como si fueras un deportista de alto nivel. La técnica no hace al deportista, pero el deportista sin la técnica no compite a alto nivel.

La disciplina emerge de manera natural, sin esfuerzo o sufrimiento, cuando estás conectado con tus intenciones más profundas o tu propósito. Todos hemos venido a cumplir un propósito, una misión, y a todos se nos ha dotado de los talentos necesarios para cumplirla. La disciplina te permite desarrollar ese talento.

Los grandes músicos, artistas, científicos, diseñadores, empresarios... tienen en común un punto: las horas de práctica que han necesitado para desarrollar su talento o don natural. Esas horas de práctica no suponen un esfuerzo cuando se hacen con pasión y están alineadas con una dirección, con una misión.

Si hasta ahora no has conseguido ser disciplinado probablemente se haya debido a que no has enlazado aquello que tenías que convertir en hábito con una intención vital.

La presencia es un estado de conciencia. Desarrollar ese estado requiere hábitos diarios. Estos hábitos diarios te llevan a la consciencia, la contemplación, la reflexión, el desapego y la transformación de bloqueos, barreras o miedos. En los ejercicios del capítulo definirás y trabajarás estos hábitos.

Cuando tu cuerpo y tu mente conocen qué es el estado de presencia y lo practicas, vuelven a recuperarlo en cuanto detectas que lo has perdido. En tus quehaceres diarios el estado de presencia te aporta lo que necesitas para planificar, programar y ser creativo: la atención.

Al principio es posible que un hábito nuevo requiera por tu parte «fuerza de voluntad», un disparador. Pero la fuerza de voluntad debe ser la chispa que inicia el fuego y va unida a un propósito mayor. Después, el hábito tiene que mantenerse de forma fluida y natural.

Vivir presente requiere entrenar diariamente a tu mente. Este entrenamiento nace de los hábitos que a partir de ahora vas a querer implantar en tu vida para generar un estado de presencia. Las formas en que puedes alcanzar el estado de presencia son diferentes de las maneras de otras personas. A través de la práctica conocerás la mejor manera para ti.

El hábito, las creencias y la identidad

Algo muy importante de los hábitos es que están unidos al sistema de creencias que tienes. Las creencias, la mayoría de ellas, están a nivel inconsciente, por eso tus costumbres acaban siendo respuestas automáticas.

Según la definición de la psicología, el hábito es cualquier comportamiento repetido regularmente, que requiere de un pequeño o ningún raciocinio y es aprendido.

Cuando quieres que una acción se transforme en hábito y no lo consigues es porque a nivel más profundo hay creencias más fuertes que contradicen la creencia sobre la que se sujeta el hábito. Esto quiere decir que hasta que no reveles esa creencia y la cambies por otra que favorezca la nueva forma de funcionar, te costará ser constante en la repetición.

Tal vez con el siguiente ejemplo lo entiendas mejor. Seguro que si ahora te dijera que no te lavaras los dientes te sería muy difícil no hacerlo. Ese hábito, además de llevar años haciéndolo, está apoyado sobre creencias que desde pequeño te han inculcado y se te han grabado a fuego, tipo: «si no te lavas los dientes se te caerán todos» o «tendrás caries y no podrás comer...».

Así que si crees que no es importante el estado de presencia para conseguir los mejores resultados posibles, seguramente no añadirás a tu vida ninguna práctica generativa como hábito. Aunque lo intentes.

Las creencias son necesarias para tu vida. Digamos que son los bastones sobre los que te apoyas para caminar por la vida. Te permiten poder interpretar lo que percibes para dar respuestas al entorno. Las creencias que ya no te ayudan, o no son válidas en el momento en el que te encuentras, no hay que borrarlas sino transformarlas para que sean potenciadoras y te permitan seguir avanzando.

En los ejercicios del final del capítulo te propongo hacer una revisión sobre las creencias. A continuación, un resumen de tres pasos fundamentales que necesitamos para transformar creencias:

1. Identificar la creencia más fuerte o profunda sobre la que se sustenta un comportamiento.
2. Cuestionar esa creencia, porque seguro que le falta información y detectar de qué modo te ha estado ayudando hasta ahora.
3. Con la nueva información, reescribir la creencia potenciadora en un papel, recordarla todos los días y empezar a probar nuevas experiencias que validen la nueva creencia y transformen la anterior.

Otro ejemplo: si crees que estarse quieto sin hacer nada es perder el tiempo, difícilmente te pondrás a meditar o a contemplar sin más el momento presente. Estarás inquieto y necesitarás moverte. Además, si tu cuerpo y tu mente no están acostumbrados a parar, salvo para dormir, al principio mostrarán resistencia.

> Somos lo que hacemos repetidamente. La excelencia, entonces, no es un acto; es un hábito.
>
> <small>ARISTÓTELES</small>

La clave para fijar los hábitos de los que hemos ido hablando a lo largo del libro es que tengas claro en quién te quieres convertir. ¿En una persona que se siente productiva, eficiente y eficaz[4]? ¿En una persona que siente que vive en equilibrio, paz y armonía?

En los dos primeros pasos del método el objetivo es que clarifiques qué tipo de vida quieres para ti y en quién te tienes que transformar. Tus hábitos diarios son el reflejo del tipo de persona que tú crees que eres.

Quiero enviarte todo mi ánimo para que pongas en marcha los hábitos que conducirán tu vida a otro nivel.

Vivir todo el tiempo que te sea posible en estado de presencia es algo que te llenará de felicidad, calma, paz, armonía... Además, en ese estado puedes conectar de una forma sencilla con el «mundo de las ideas».

Somos mucho más que pensamientos que se suceden sin cesar, sin descanso, en nuestra mente. Somos mucho más que creencias, inconscientes en su mayoría, potenciadoras o limitantes. Somos mucho más.

Somos un Ser poderoso y lleno de recursos cuando estamos presentes. En este estado emerge lo mejor de nosotros, nuestro ser más auténtico. Como si tu esencia saliera a escena y fuera la protagonista.

---

[4] Eficiente es tener eficiencia: la capacidad de disponer de alguien o de algo para conseguir un efecto determinado. Eficaz es tener eficacia: la capacidad de lograr el efecto que se desea o se espera.

Personas capaces de escalar complicadas rutas para alcanzar grandes cumbres, correr por ellas, personas capaces de observar sin ser esclavos del tiempo físico.

Tomar conciencia del momento presente hace que cada instante sea valioso e importante. Fluyendo en el momento presente.

Utilizar de forma consciente la mente para creer y así crear. Somos creadores de nuestra realidad con nuestras elecciones y decisiones. Nos identificamos con lo que pensamos y creamos: lo bueno y lo malo, lo justo y lo injusto. Sin embargo, somos mucho más que lo que creemos ser. Es apasionante descubrirlo e ir más allá de nuestros límites como si fuéramos exploradores de nuestro universo interior.

Creemos que somos consecuencia de nuestro pasado, anhelamos un futuro mejor, rechazamos nuestro presente, sea cual sea, junto a su aprendizaje.

Cuando por fin conseguimos no identificarnos con nuestros pensamientos, cuando no etiquetamos ni juzgamos a los demás, una gran energía pura emana del interior de cada uno de nosotros.

Hay un tiempo, el tiempo de la evolución, distinto para cada uno de nosotros. Nos acompasa, nos permite el crecimiento, el aprendizaje de vida.

La vida es mucho más que las situaciones que nos suceden.

Podemos cambiar el rumbo, aceptar el pasado sin resistirlo, recoger sus enseñanzas y sentir que somos mucho más poderosos de lo que creemos.

Colocarnos en el sistema. Aceptar las posiciones de los demás y mirar hacia delante, sintiendo nuestra presencia, nuestro momento presente.

El momento presente es lo único que tenemos. Desde el «aquí y ahora» podemos visualizar nuestro futuro, el camino que deseamos recorrer y darle forma para que se haga realidad. Tu futuro lo estás construyendo ahora: ¿dónde estás dirigiendo tus pensamientos, tus intenciones... justo ahora?

Ejercicio para trabajar la presencia, la conexión con el ser creativo

La presencia es el tercer paso del método, el que está justo en medio enlazando los pasos anteriores y posteriores.

Es uno de los pasos clave en el método: aprender a vivir la mayor parte del tiempo en un estado de presencia con una buena calidad.

El estado de presencia es el que te permite observarte, ser consciente de las elecciones que haces y los motivos que empujan a ello. Es una experiencia que te permite saber cuáles son los motivos profundos por los que quieres estar aquí, vivo y celebrando la vida.

Mandala del Ser® de Richard Moss

El Mandala del Ser® es un modelo y un proceso práctico de investigación que te ayuda a comprender cómo la mente se aleja del presente y te desconecta del *aquí y ahora*.

Cuando no estás en el presente es porque tu mente te está llevando a una realidad construida dentro de ti. Richard Moss se dio cuenta de que principalmente la mente te lleva a cuatro lugares: futuro, pasado, otros (tus juicios acerca de otros, la vida, lo que ocurre...) y al yo (creencias y juicios sobre ti mismo).

Es probable que te preguntes cómo haces para volver al presente, al *aquí y ahora*. ¿Y recuerdas lo que ya vimos sobre qué vive siempre, siempre en el presente? ¡Bingo! El cuerpo. Ahí está la clave. Para ello utiliza la respiración consciente y siente como si tu mente bajara hasta el cuerpo y juntos formaran un Todo.

Recuerda también lo que vimos al principio de este apartado sobre PRESENCIA: estás trabajando la productividad personal consciente, es decir, hacer tareas con sentido, sabiendo para qué las haces. La presencia te aporta esa luz, además de sentir que las acciones fluyen de ti como el agua de un manantial.

Muchas veces sentimos que nuestra mente, nuestro pensamiento está apartado de nuestro cuerpo. No sé a ti, pero a mí me llegaba a pasar que cuando estaba trabajando con mi mente no sentía ni frío, ni calor, ni hambre, ni si tenía tensión en los hombros... Estaba muy desconectada. Ahora soy capaz de trabajar concentrada, con foco pero manteniendo la conexión con mi cuerpo y observando hacia dónde va mi mente cuando se dispersa.

Cuando estás presente dejas de experimentar la parálisis por análisis.

En este ejercicio te sugiero que dediques tiempo durante las próximas semanas, e incluso te diría el resto de tu vida, a observar a qué lugares te lleva tu mente principalmente, cuáles son los pensamientos que te sacan del *aquí y ahora* y te hacen sufrir.

Puedes liberarte de aquello de lo que eres consciente. Si no sabes qué creencias o pensamientos te están sujetando no puedes liberarte. Tienes numerosos pensamientos acerca de ti, de tu futuro, de tu pasado y de otros que crees que son reales aunque solo están en tu mente.

El ejercicio consiste en que identifiques esas creencias y pensamientos que te están atando y no te dejan avanzar con fluidez. Observa en qué lugares se halla tu mente principalmente y tráela de nuevo al *aquí y ahora.*

Eso no quiere decir que no hagas proyecciones a futuro, quiere decir que hagas proyecciones a futuro de forma consciente y desde el momento presente que tú eliges. De hecho es lo que has hecho en el capítulo anterior, desarrollar tu perspectiva.

Puedes ir al pasado conscientemente para recordar buenos momentos, aprendizajes y recursos que utilizaste.

Una vez vayas construyendo tu lista de pensamientos y creencias más repetitivas, selecciona las que te limitan y cuestiónalas con los tres pasos descritos en el capítulo.

Para observarte y poner en práctica este ejercicio de forma que sea un hábito pregúntate: ¿qué necesito creer para anclar este hábito? ¿Qué me aporta? ¿A qué me ayuda? ¿Qué quiero para mi vida: seguir como hasta ahora o empezar a despertar para ser dueño de mi vida, mis pensamientos y mi bienestar?

Hacer conscientemente

Éste es otro ejercicio que funciona muy bien. Elegir cada día un hábito para realizarlo de una manera cien por cien consciente. Tenemos una parte animal que tira de nosotros y nos lleva a hacer siempre lo mismo y de la misma forma. Y eso está genial si eres consciente y la rutina no te domina a ti.

¿Te ha pasado alguna vez que al llegar a la reunión el sitio que siempre ocupas no está libre? ¿Cómo te has sentido? ¿Qué ha pasado en tu mente y en tu cuerpo? Has podido tener varias reacciones, una muy común es sentirse algo molesto: ese es tu sitio y te lo han quitado. Si lo piensas fríamente sabes que no es así, porque los espacios, que yo sepa, no tienen nombre.

El hábito no tiene que dominarte a ti, sino tú a él. Así que lo mejor es empezar a estar presente en cada momento y ser consciente de tus decisiones. Por ejemplo, si todos los días al salir de casa vas por el mismo camino al trabajo prueba a cambiar de ruta, ir por la otra acera, cruzar otros pasos de cebra... Siente cómo puedes descubrir todo un universo de sensaciones, nuevas imágenes aparecerán ante ti, tal hay fachadas, árboles o incluso personas de cuya existencia no te habías dado cuenta. Experiméntalo.

Ser creativo

Una vez has ido trabajando tu estado de presencia más y más podrás empezar a sentir cómo aparecen ideas, posibles soluciones, diversas maneras de comportarte ante una situación que te parecía complicada... El estado de presencia te permite conectar con tu creatividad. La creatividad es una conversación entre dos partes, dos ideas... Tu cuerpo alberga más información de la que crees, no todo está en el cerebro y la mente. También tienes tu *mente cuerpo* o mente somática.

De hecho, ¿cuándo aparecen las mejores ideas? A todos nos ha pasado alguna vez que cuando estamos tranquilos, caminando o en la ducha o a punto de irnos a dormir, nos aparecen ideas, diversas alternativas a un asunto que llevamos entre manos.

Para crear algo nuevo, totalmente diferente, vas a tener que desarrollar tu estado de Presencia. Es fundamental.

Que vivamos en un mundo rápido no quiere decir que tengas que vivir a ese ritmo. De hecho se da la paradoja de que, cuanto más lento caminas, más rápido vas. Esto es así porque permites que la creatividad fluya en tu vida.

Manejar la lentitud, encontrar tu ritmo, te reportará grandes experiencias. No llega antes el más rápido sino el más constante.

☑ NOTA

Empezar a vivir presente desarrollando tu estado de Presencia te va a permitir darte cuenta de lo que hay en tu interior. Podrás decidir qué sacas de ese interior, soltándolo porque ya no te ayuda, o qué potenciarás aún más porque sí te ayuda. El estado de Presencia te permite encontrar tu ritmo de trabajo al mismo tiempo que mejoras tu rendimiento. Todo parece más fácil y fluido. Es un entrenamiento, recuérdalo. Ve poco a poco y a tu ritmo. La presencia te ayuda a soltar el *modo supervivencia* para pasar a vivir la vida que quieres.

A lo largo de tu vida ya has experimentado el estado de Presencia cuando escalas, vas al mar, a la montaña… ¿Cómo te has sentido en esos breves instantes de presencia? ¿Qué has experimentado? ¿Te imaginas vivir tu día a día así? Tú puedes, es cuestión de entrenamiento.

☙ TRUCO

Para trabajar el estado de Presencia a mí me funciona muy bien preguntarme a lo largo del día muchas veces: «¿De qué estás consciente en este momento?». Respiro consciente y me centro en lo que está pasando por mi mente y en los puntos de tensión que hay en mi cuerpo. Es un entrenamiento para detectar cuándo has dejado de estar presente.

Le das a la mente algo en que enfocarse en el momento presente en vez de dejarla que corra de un pensamiento a otro, la disciplinas para que mire simplemente a una sola cosa, entonces los otros pensamientos empiezan a silenciarse.

RICHARD MOSS

⊙ CLAVES

1. Elige uno o varios hábitos diarios que ya tengas automatizados y observa todo el universo de sensaciones que te despierta si lo realizas con la mente puesta en el cuerpo. Caminar, lavarte los dientes, la ducha...

2. Entrena tu presencia cada día con la pregunta-truco y date cuenta de la cantidad de cosas que estás pensando.

3. Cuestiona lo que piensas cuando seas consciente de lo que piensas. Conócete. La realidad de ahí fuera la creas tú desde dentro. Esta afirmación puede ser dura y esperanzadora al mismo tiempo. Depende de ti.

4. Dedícate en el día unos minutos de respiración consciente para simplemente Ser. Nada que pensar, nada que hacer. Tienes tiempo, depende de ti.

5. En el estado de Presencia sientes que estás contigo y justo en ese momento puedes expandir tu atención a todo lo que te rodea. Justo ahí empieza la conexión entre ideas, soluciones a lo que percibes como problema, etc.

La importancia del Gato en la Meditación,
PAULO COELHO

Un gran maestro zen budista, responsable del monasterio de Mayu Kagi, tenía un gato que era la pasión de su vida. Así, durante las clases de meditación, lo mantenía a su lado, para disfrutar lo más posible de su compañía.

Cierta mañana, el maestro (que era ya bastante viejo) apareció muerto. El discípulo de mayor grado ocupó su lugar.

—¿Qué haremos con el gato? —preguntaron los otros monjes.

Como homenaje al recuerdo de su antiguo instructor, el nuevo maestro decidió permitir que el gato continuase asistiendo a las clases de budismo zen.

Algunos discípulos de los monasterios vecinos, que viajaban mucho por la región, descubrieron que en uno de los más famosos templos del lugar, un gato participaba en las meditaciones. Y la historia comenzó a correr.

Pasaron muchos años. El gato murió, pero los alumnos del monasterio estaban tan acostumbrados a su presencia que buscaron otro gato. Mientras tanto, los demás templos empezaron a introducir gatos en sus meditaciones: creían que el gato era el verdadero responsable de la fama y la calidad de enseñanza de Mayu Kagi, olvidando que el antiguo maestro era un excelente instructor.

Transcurrió una generación, y comenzaron a surgir tratados técnicos sobre la importancia del gato en la meditación zen. Un profesor universitario desarrolló la tesis —aceptada por la comunidad académica— de que este felino poseía la capacidad de aumentar el nivel de concentración humana y eliminar las energías negativas.

Hasta que apareció un maestro que tenía alergia a los animales domésticos y resolvió retirar el gato de las prácticas diarias con sus alumnos.

Se produjo una gran reacción negativa, pero el maestro insistió. Y como era un excelente instructor, los alumnos continuaron con el mismo rendimiento escolar, a pesar de la ausencia del gato.

Poco a poco, los monasterios —siempre en busca de ideas nuevas y cansados de tener que alimentar a tantos gatos— fueron eliminando a los animales de las clases. En 20 años comenzaron a surgir nuevas tesis revolucionarias, con títulos convincentes como «La importancia de la meditación sin el gato» o «Equilibrando el universo Zen solo por el poder de la mente, sin la ayuda de animales»

Pasó otro siglo y el gato salió por completo del ritual de la meditación Zen en aquella región. Pero se necesitaron doscientos años para que todo volviese a la normalidad, ya que nadie se preguntó, durante todo ese tiempo, por qué el gato estaba allí.

PROGRAMAR

La visión sin acción es un sueño sin más,
la acción sin la visión es trabajo fastidioso,
la visión y la acción juntas son esperanza
para el mundo.
TEXTO DE UNA IGLESIA DEL CONDADO
DE SUSSEX, EN INGLATERRA

En la vida constantemente perdemos el equilibrio para volverlo a recuperar al siguiente paso. Exploramos extremos y opuestos. Durante la lectura de estos textos me gustaría que fueras explorando tu mente y tu corazón, lo consciente y lo inconsciente, lo espiritual y lo físico... De un apartado de estado espiritual pasaremos ahora a un capítulo práctico relacionado con la inteligencia cognitiva: lineal, lógica y lingüística. Es decir, ahondaremos en conceptos y método.

Según la RAE, una de las definiciones para el término *programar* es idear y ordenar las acciones necesarias para realizar un proyecto. De forma inconsciente nuestro cerebro programa, aun cuando la vida es tremendamente rutinaria. En algún momento es necesario decidir qué acciones van a ser las siguientes, qué voy a comer, adónde voy a ir, qué voy a decir, qué ropa me voy a poner... Todo responde a una programación previa e inconsciente, en la mayoría de las situaciones, y a una estrategia interna de decisión que funciona de forma autónoma, sin tu consciencia.

En este capítulo nos centraremos en la necesidad de que dispongas de un sistema de control de las acciones, o tareas que debes realizar, cada día para alcanzar tus objetivos. Necesitas procesar, organizar y ejecutar las tareas sin estrés para ser productivo.

Los ejercicios asociados a este apartado te mostrarán cómo realizar planes de acción para conseguir objetivos y practicarás el sistema de control.

Tenemos que tener en cuenta que en la vida, además de los objetivos personales de cada uno y de estar alineados con una intención profunda, hay objetivos que son necesarios para sustentar los sistemas en los que vivimos. Con esto me refiero a que tenemos objetivos del tipo que las facturas estén en el gestor a final de mes, o que la declaración de la renta esté hecha en tiempo y forma. A priori no contribuyen directamente a tus intenciones, pero también hay que ejecutarlos. Sin un sistema es difícil fluir en nuestro día a día.

Nuestro cerebro es el mejor creando y ejecutando. Sin embargo, gestionando no es tan bueno. ¿De cuántas tareas pendientes eres capaz de acordarte ahora mismo? ¿Te resulta fácil visualizarlas y decidir cuál es más importante de realizar ahora? Está claro que necesitas disponer de un sistema efectivo que te permita tener toda esa gestión fuera, como si estuviera en un disco duro externo. Llevar en la «cabeza» todas las tareas es agotador y muy estresante.

Hay varios factores por los cuáles somos improductivos aunque, si sintetizamos, principalmente hay tres: la falta de claridad, la satisfacción inmediata y la sustitución de tareas importantes por otras que te resultan más cómodas, lo que se conoce como procrastinación.

> No procrastinas por falta de motivación,
> procrastinas por la existencia de otras
> motivaciones y obstáculos internos.

La satisfacción inmediata
y la procrastinación

¿Has sentido alguna vez en tu propia piel la velocidad del día a día? Ir deprisa no significa llegar antes ni llegar al lugar adecuado. Vivimos tiempos de revolución y cambios voraces. Tecnología, exceso de información... Todo parece creado para devorar nuestro tiempo. Corre, no pares, el tiempo pasa deprisa, colecciona momentos, sueños, ilusiones... Corre, corre, no pares... *Carpe diem.*

Ante las posibilidades de acciones que tenemos por hacer solemos dar respuesta inmediata a lo que acontece en el momento. Muchos de nosotros somos inquietos y curiosos. Creemos y confiamos en el poder de la inmediatez. El trabajo bien hecho y de forma inmediata nos produce una gratificación instantánea. Es genial tachar tareas de las listas, sean las que sean. «¡Tacha, tacha, tacha!» parece que grita una voz en tu interior.

Esto me recuerda al *Experimento marshmallow*: a diferentes niños se les ofrecía un caramelo. Si lo cogían inmediatamente ya no obtendrían más. Si esperaban diez minutos se les entregaría uno más. Tendrían dos.

Elegir dar respuesta para obtener la recompensa inmediata es un arma muy afilada. Es fundamental saber manejar nuestros estados emocionales y conocernos muy bien para no caer en la tentación de coger el caramelo antes de hora.

La clave para no caer en la tentación de hacer las acciones más cómodas está en saber qué tareas o acciones inmediatas son las importantes, es decir, las que te conducen de forma más eficiente a lo que deseas.

La productividad personal consciente tiene que estar dirigida por la perspectiva: una vista de pájaro de tu camino. Todo lo que haces y no haces debe estar enfocado en una dirección. Cuando vayas a decidir la próxima acción que vas a realizar asegúrate de estar atento al momento presente para elegir la acción que más contribuye a tus metas y a tener en orden tu vida. Así evitas dejarte llevar por lo que te resulta más fácil o rápido.

Cuando eliges realizar la tarea que te resulta más cómoda en vez de la tarea que contribuye a construir tu camino, estás en un conflicto interno. Por un lado, quieres realizar la tarea importante, pero sin embargo no te pones a ello. Dentro de ti hay dos partes, una que tira hacia un lado y otra que tira al lado contrario. Ambas tienen sentido para ti y tienen una intención positiva.

El proceso para resolver el conflicto pasa por reconocer, integrar ambas partes y crear un nuevo equilibrio entre ellas. Además, es posible que al detenerte para reflexionar sobre por qué estás procrastinando emerjan también miedos. Tal vez tienes que embarcarte en un nuevo proyecto que es desconocido para ti, estás pensando en el fracaso... Todas estas limitaciones que puedas encontrar dentro de ti las tienes que traer al consciente para manejarlas y resolverlas.

Cada límite, cada obstáculo, significa la posibilidad de crear un recurso para continuar hacia tus sueños.

La procrastinación es un tema muy amplio sobre que el podrían escribirse libros enteros. Aquí he pretendido dar una pincelada por si te sucede. Si procrastinas, hay un motivo. No se procrastina porque sí, sin más.

Objetivos y planes de acción

Ya hemos visto que los objetivos son los pasos a corto plazo que vamos dando para alcanzar unas determinadas metas, y estas a su vez están enfocadas en una dirección marcada por las intenciones.

Los objetivos con sus planes de acción los manejas en tu trabajo diario. Un buen sistema de control para gestionar es el método GTD®. En este método, a los objetivos se les llama «proyectos»

Por lo tanto, un objetivo o proyecto es aquello que requiere más de una acción física concreta, específica e indivisible y que depende de otra acción anterior para poder realizarse.

Si continuamos con la metáfora del edificio, recordarás que la planificación base eran los cimientos, las intenciones los pilares, las metas y los objetivos las paredes, y las acciones los ladrillos que colocas para formar paredes.

Los planes de acción recogerán por lo tanto todas las acciones necesarias para obtener el resultado deseado.

Aparte del método GTD® de David Allen, y de los libros publicados en español del autor, hay muchos otros autores españoles muy recomendables y que escriben blogs muy interesantes de los que he podido aprender gracias a su generosidad. Al final de libro, dejo un enlace *web* a un listado representativo.

Tuve la necesidad de implantar el método de productividad de David Allen justo en el momento en el que me comprometí conmigo misma a conectar con mi propósito y empezar a construir mi proyecto personal, además de seguir trabajando por cuenta ajena. Llegó un punto en el que necesitaba tener todo fuera de mi mente para poder pensar, reflexionar, despertar mi creatividad, formarme y llevar adelante mi proyecto personal, sin estrés y sin bajar el rendimiento en el trabajo que me proveía los ingresos.

Además, este método me ha ofrecido flexibilidad, dinamismo, hábitos y, sobre todo en mi caso, equilibrio entre las distintas áreas de mi vida. Con cierta facilidad me pierdo en el trabajo mental, que me apasiona.

Sistema GTD®

A continuación, nociones básicas sobre este método y esquemas que puedan ayudarte a implantarlo en tu vida. Te lo recomiendo encarecidamente si sufres estrés, vives con tensión y sientes que no llegas a todo.

Si comparamos el día a día de un trabajador del conocimiento con un sistema de producción tradicional, donde hay unas entradas de materia prima, que se transforma para obtener un producto (coches, lavadoras, teléfonos móviles...) para un trabajador del conocimiento puedes imaginar que la materia prima son todas las informaciones, datos, peticiones, etc. que le llegan a través del mail, correo, teléfono, redes sociales... Con todas estas entradas tienes que realizar un proceso de almacenamiento adecuado para luego decidir en qué momento pasan al «proceso de producción» para obtener los resultados deseados.

Imagina que una de tus intenciones más profundas es vivir tranquilo y con libertad. Para ti esa intención significa trabajar como *freelance*, tener unos ingresos determinados y viajar por el mundo. Las metas para caminar en esa dirección podrían ser:

- Definir tu marca personal.
- Elaborar un blog y plataforma digital.
- Crear una comunidad en internet con la que compartir tu experiencia y tus aprendizajes y además, tener ingresos.
- ...

Dentro de cada una de estas metas tendrás que fijar objetivos, que serán proyectos dentro del sistema de productividad, y para hacerse realidad necesitarán de una serie de acciones.

La materia prima que entrará al sistema para ser procesada serán todos los objetivos que irán surgiendo para alcanzar las metas, además de muchas otras informaciones y datos que se sumarán de forma continua desde el mundo exterior. El proceso de transformación consiste en cinco pasos que te garantizarán en todo momento que estás llevando a cabo las acciones que te conducen hacia dónde quieres ir, y dejando de hacer aquellas que menos contribuyen a tu propósito. Las acciones prioritarias están en continuo flujo y el sistema permite tenerlas controladas pero en movimiento.

La clave de este sistema es el continuo movimiento en el que están las acciones, proyectos, ideas... Van adaptándose a cada instante y avanzando contigo. Es un sistema que permite manejar la incertidumbre y tener flexibilidad.

Descripción de algunos conceptos del sistema GTD®

El método GTD® puede parecer algo confuso al principio, porque es un sistema que tiene en cuenta hasta el último detalle y cambia las estructuras tradicionales de organización. Pero con estos conceptos que vamos a definir, verás que puede ser mucho más fácil de lo que a simple vista parece:

- Bandeja de entrada – cualquier punto desde el que puede entrar información al sistema. Puede ser el *mail*, libretas, cartas, *WhatsApp*, herramientas informáticas...
- Proyecto – todo aquel resultado que quieres tener y está compuesto por más de una acción para alcanzarlo. Si volvemos a la metáfora del átomo y la molécula, el proyecto sería la molécula.
- Acciones – son los pasos que se necesitan dar para alcanzar un proyecto. Son acciones físicas e indivisibles, en la metáfora serían los átomos.
- Listas – son los distintos registros donde están anotadas acciones, proyectos, ideas...
- Contextos –los definen las herramientas, las personas y los lugares. Son dinámicos, y se basan en listas pequeñas donde todas las acciones están disponibles para ser ejecutadas.

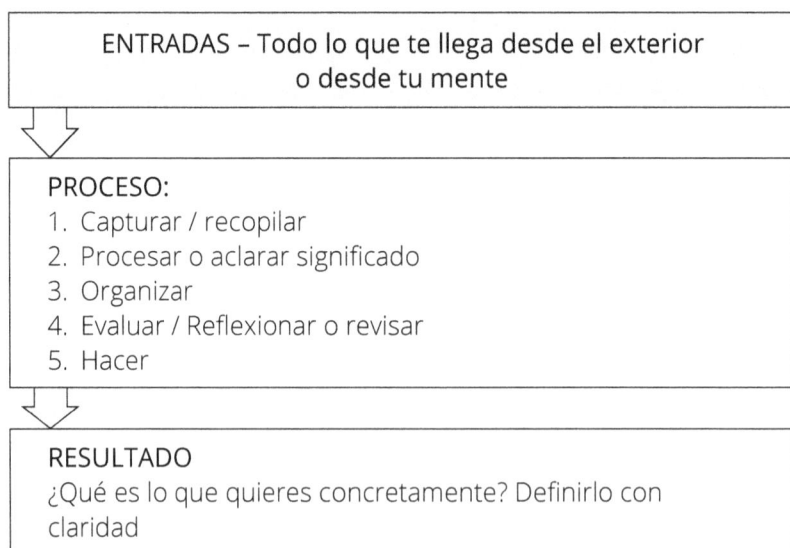

ENTRADAS – Todo lo que te llega desde el exterior o desde tu mente

PROCESO:
1. Capturar / recopilar
2. Procesar o aclarar significado
3. Organizar
4. Evaluar / Reflexionar o revisar
5. Hacer

RESULTADO
¿Qué es lo que quieres concretamente? Definirlo con claridad

Qué cosas vas a tener que hacer

Para implantar el sistema hay que añadir hábitos y dejar atrás viejas costumbres, pensamientos o ideas. Estos hábitos son: recopilar la información que te llega, vaciar tu mente, tomar decisiones conscientemente, escucharte, cuidar de tu estado y revisar el sistema y tus listas para mantenerlo actualizado. Es un método muy probado y que está dando resultados muy positivos para todas las personas que lo tienen implantado. Para alcanzar el éxito con el sistema GTD® hay que estar dispuesto a abrir la mente, dejar que la curiosidad por aprender, cambiar y practicar invada tu vida.

Recuerda que ya has avanzado mucho desde el principio del libro: te he mostrado que necesitas vaciar tu mente, conocerte, elaborar una lista de acciones, estar presente, etc. Ahora, para los ejercicios de este apartado, necesitarás:

- Identificar tus bandejas de entrada, que son todos los puntos desde los cuáles entra información a tu sistema.
- Registrar fuera todo lo que tienes en la «cabeza» y que está ocupando espacio en tu mente. Esto sí o sí. Es un hábito, no sirve dejarlo para luego, porque ya te estás generando tensión.
- Transformar un objetivo o proyecto en un resultado. Tendrás que pensar en qué es lo que quiere decir para ti específicamente un objetivo, un resultado. Por ejemplo, preparar un viaje no es un objetivo, es una acción compuesta de muchas otras. Tu objetivo en este caso podría ser: que el viaje esté listo y preparado.
- Elaborar la lista de las acciones que necesitas llevar a cabo para obtener el resultado que has descrito en el paso anterior.

Ir hacia delante para volver

Quiero contarte un método de revisión diaria y de flujo muy interesante para que lo pongas en práctica y observes los resultados. Hay personas que ya lo hacen de forma natural. Si eres de esas, enhorabuena porque seguro que ya tienes mucho ganado. Si no, te animo a probar y practicar.

El método consiste en visualizar sintiendo y escuchando de forma rápida todas las acciones a realizar un día y enlazarlas con el día anterior. Puedes realizar esta práctica todas las mañanas de forma consciente, necesitas unos cinco minutos. Si estás empezando es posible que inviertas diez minutos, que irás reduciendo con los días.

Siéntate tranquilo, proyecta hacia delante todo un día hasta llegar a la noche, que vuelves a estar en casa. Justo en ese momento mira hacia atrás y recuerda lo que has estado haciendo durante todo el día para cumplir con la agenda y las acciones. Une una acción con otra. El tiempo es continuo. Para realizar una acción, previamente has tenido que hacer otra, aunque sea algo tan sencillo como coger la cartera, el bolso y las llaves del coche.

En la visualización del día siguiente no es necesario que especifiques todas las acciones que vas a hacer, salvo las que son compromisos de agenda. Simplemente proyéctate trabajando en el lugar donde vayas a estar. Recuerda visualizar por ejemplo los desplazamientos que tienes que realizar andando, en coche o transporte público. Aparcando, si tienes que dejar el coche...Una vez ya has hecho el trabajo de visualizar lo que tienes que hacer para llegar al final del día, recorre de nuevo lo que has proyectado grabando toda esa información en tu cuerpo.

Ahora revisa los hitos más importantes y significativos para ti del día anterior y únelos con los del nuevo día que vas a vivir.

Con esta técnica estamos consiguiendo dos cosas:

1. Vivir de forma continua nuestra vida, igual que el tiempo. Para enlazar y encajar todas las acciones y darles un sentido más global.

2. Grabar en nuestro cuerpo y nuestra mente lo que realmente deseamos hacer durante el día. Así sentirás que prácticamente todo va rodado porque tus sistemas saben qué tienen que hacer. Con esto conseguirás fluir durante tu actividad diaria.

Cuando no hacemos esto vamos dando saltos de un lado para otro, ya que nuestra mente no tiene claro qué es lo que queremos. Te invito a que lo pruebes y experimentes.

Mapa del sistema

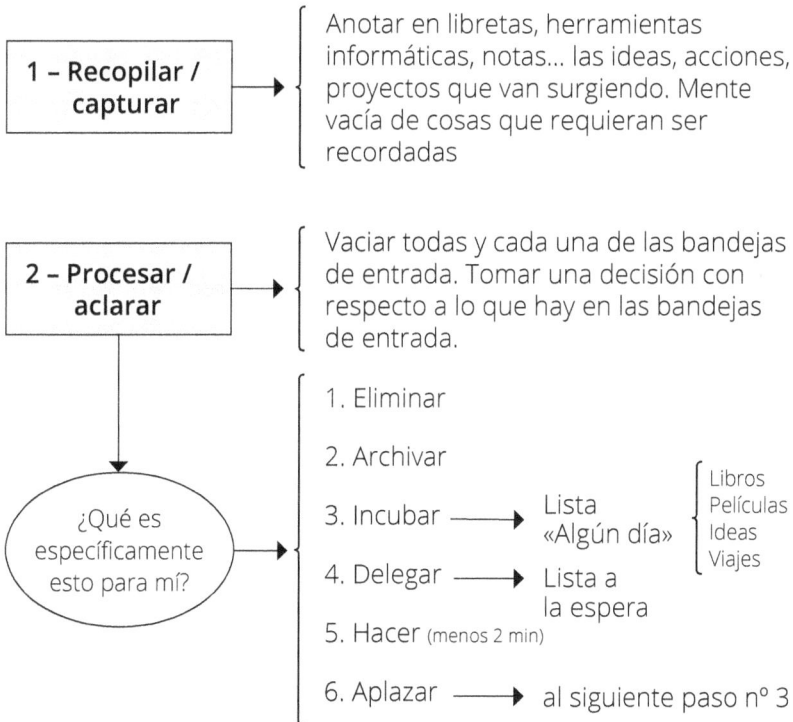

1 – Recopilar / capturar	Anotar en libretas, herramientas informáticas, notas... las ideas, acciones, proyectos que van surgiendo. Mente vacía de cosas que requieran ser recordadas
2 – Procesar / aclarar	Vaciar todas y cada una de las bandejas de entrada. Tomar una decisión con respecto a lo que hay en las bandejas de entrada.

¿Qué es específicamente esto para mí?

1. Eliminar
2. Archivar
3. Incubar ⟶ Lista «Algún día» → Libros / Películas / Ideas / Viajes
4. Delegar ⟶ Lista a la espera
5. Hacer (menos 2 min)
6. Aplazar ⟶ al siguiente paso nº 3

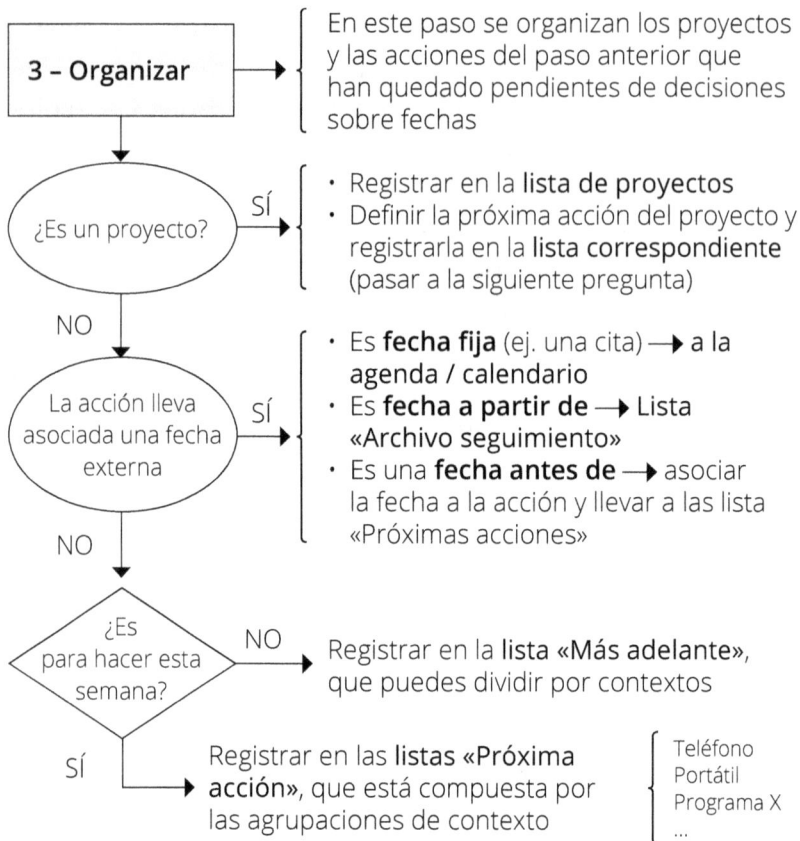

3 – Organizar → En este paso se organizan los proyectos y las acciones del paso anterior que han quedado pendientes de decisiones sobre fechas

¿Es un proyecto? — **SÍ** →
- Registrar en la **lista de proyectos**
- Definir la próxima acción del proyecto y registrarla en la **lista correspondiente** (pasar a la siguiente pregunta)

NO

La acción lleva asociada una fecha externa — **SÍ** →
- Es **fecha fija** (ej. una cita) → a la agenda / calendario
- Es **fecha a partir de** → Lista «Archivo seguimiento»
- Es una **fecha antes de** → asociar la fecha a la acción y llevar a las lista «Próximas acciones»

NO

¿Es para hacer esta semana? — **NO** → Registrar en la **lista «Más adelante»**, que puedes dividir por contextos

SÍ → Registrar en las **listas «Próxima acción»**, que está compuesta por las agrupaciones de contexto

Teléfono
Portátil
Programa X
...

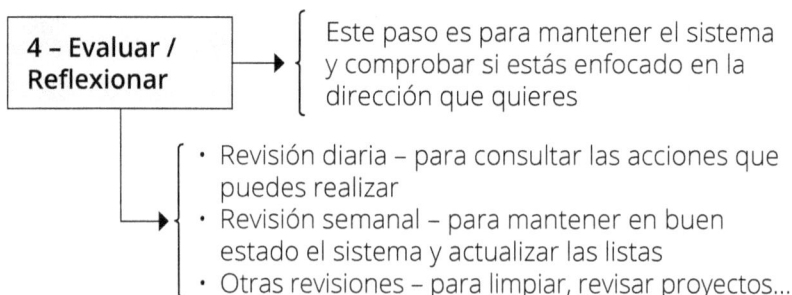

4 – Evaluar / Reflexionar → Este paso es para mantener el sistema y comprobar si estás enfocado en la dirección que quieres

- Revisión diaria – para consultar las acciones que puedes realizar
- Revisión semanal – para mantener en buen estado el sistema y actualizar las listas
- Otras revisiones – para limpiar, revisar proyectos...

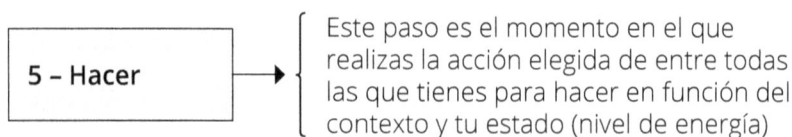

5 – Hacer → Este paso es el momento en el que realizas la acción elegida de entre todas las que tienes para hacer en función del contexto y tu estado (nivel de energía)

Ejercicios para programar conscientemente

Desarrollar la productividad personal consciente requiere autoconocimiento, un sistema de gestión de objetivos y tareas e implantar hábitos productivos que mantienen en equilibrio tu vida.

Las propuestas de clasificación de tareas o acciones en función de urgencia e importancia hoy en día son difíciles de implementar porque nos cambian las circunstancias de manera muy rápida. Así que el sistema GTD® propone una manera flexible y ágil de controlar las tareas sin tener que planificarlas previamente.

Te sugiero probar los siguientes ejercicios y que, cuando los tengas implantados en tu vida, profundices más en el sistema.

Ritual matutino

Elaborar tu ritual matutino te ayuda a empezar el día enfocado y con claridad. Así que te invito a que elabores tu propio ritual, para empezar tu día siendo proactivo en vez de reactivo a lo que surge.

Cuando ya te sientes a trabajar enfoca tu día. Decide conscientemente tu foco principal para el día de hoy. Revisa tu día de ayer como si de una película se tratase (introduce todo tu día completo tanto a nivel personal como profesional) y después seguidamente proyecta hacia delante tu día previsto para hoy. También como si fuera una película. Esta visualización ayuda mucho a tu sistema cuerpo-mente a ponerse en marcha.

Cuando empieces a hacer tareas utiliza tus listas para decidir qué haces.

Lista de bandejas de entrada

Recoge en una lista todas las bandejas de entrada desde las cuales te llegan proyectos, tareas, peticiones, informaciones que te interesan...

Lo habitual suele ser tener más de diez bandejas. Algunas de estas bandejas son: el mail (puedes tener varios), notas de voz, el teléfono, las redes sociales, el correo ordinario, mensajería instantánea como Skype u otras aplicaciones como Evernote, libretas donde recoges ideas o informaciones sobre reuniones, etc. El objetivo de este ejercicio es hacerte consciente del origen de las acciones e informaciones que alimentan tu sistema de productividad.

Una vez tengas la lista de bandejas de entrada anota al lado cada cuánto necesitas revisar esa bandeja: diaria, semanal, mensualmente... para clarificar qué es lo próximo que tienes que hacer con lo que hay ahí.

En mi caso, por ejemplo, tengo una caja donde guardo los tickets de dietas y compras. Esta bandeja de entrada es de revisión mensual. Esa revisión consiste en traspasar los tickets a un Excel de control donde clasifico el gasto por tipo y categoría. Así puedo obtener información sobre la distribución de mis gastos. Esto lo hago para todos los gastos, tanto los profesionales como los personales.

Cuando has revisado una bandeja de entrada lo importante es dejarla a cero. Es decir, nada pendiente. Al principio cuesta hacer esto, porque no siempre sabes bien qué significa esa información o para qué la quieres. Se trata de practicar y de tener en mente el objetivo de tener las bandejas limpias al finalizar la revisión.

El objetivo de este ejercicio es hacerte consciente del origen de tareas e informaciones para tu sistema de productividad.

Vaciar tu mente

Este ejercicio consiste en coger un folio en blanco y empezar a volcar fuera todas las tareas que tengas pendientes, deseos, ideas... de todo lo que te acuerdes y está en tu mente.

Será una lista probablemente muy grande. Una vez la tengas hecha déjala hasta el día siguiente y ve anotando ahí todo lo que se te vaya ocurriendo. Si la llevas contigo, mejor, así en cuanto te venga algo a la cabeza podrás escribirlo y tu mente no estará estresada diciéndote: «no te olvides de...».

Al lado de cada tarea que has anotado escribe el resultado que quieres obtener y si puedes subdividir aún más esa acción en otras más específicas. Es fundamental tener recogidas las acciones más indivisibles.

Es posible que hayas anotado proyectos en vez de tareas. En las listas vamos a poner acciones que tienen claramente inicio y final. Los proyectos, compuestos por más de una acción, irán a la lista de proyectos.

¿Qué listas vas a tener?

Cada persona puede tener varias listas diferentes. En el método GTD® se proponen algunas. Estas listas además están clasificadas por contexto, entendido como aquello que necesitas para llevar a cabo las tareas que tienes recogidas en esa lista.

Posibles contextos: portátil, ordenador de sobremesa, teléfono, tranquilidad, casa, trabajo... Cada uno tiene sus propios contextos. ¿Cuáles son los tuyos?

Utilizando el esquema que te he dejado en el capítulo elabora tus listas con las acciones que has recogido en el ejercicio anterior: vaciar tu mente.

Para empezar lo mejor es usar papel y lápiz antes de tener que usar una aplicación específica ya que, como ocurre en el deporte, primero se entrena la parte física y posteriormente se desarrolla la técnica concreta del deporte.

Elaborar un plan de acción para un objetivo

Tal vez no estés acostumbrado a trabajar con objetivos y planes de acción. Los objetivos se han de describir en términos del resultado que deseas específicamente. ¿Cómo sabrás que has alcanzado ese objetivo? A continuación describe todas las acciones que te llevarán hasta él.

Para algo aparentemente sencillo que es: *tener el presupuesto para el diseño de una web*, hay un plan compuesto por acciones que pueden ir haciéndose poco a poco. Éstas pueden ser:
1. Tener un listado elaborado con posibles proveedores y contacto.
2. Escribir el texto para la solicitud del presupuesto.
3. Enviar la solicitud de presupuesto.
4. Elaborar una tabla comparativa con todos los presupuestos.
5. Concretar una reunión con el proveedor seleccionado para aclarar fechas y forma de trabajo.

Esto es solo un ejemplo. Para practicar, escribe, toma o define tus objetivos actuales y comienza a desglosarlos de esta manera. Las acciones tienen que contener verbos que te invitan a eso, a la acción. Las acciones cuando las lees tienen que que ofrecerte la claridad necesaria para ponerte en acción. Recuerda que tienen que ser lo más indivisible posible para ti.

Recuerda que, en GTD®, los objetivos son proyectos.

☑ NOTA

En la bibliografía te he dejado blogs que recomiendo para profundizar en el método GTD® una vez hayas practicado unos meses tu rutina matutina, el vaciado de tu mente, anotar las tareas en listas, decidir en base a las listas las próximas acciones a realizar, etc.

🎩 TRUCO

Nuestra mente funciona muy bien cuando te has representado los objetivos en términos de imágenes, sensaciones y sonidos. Así que entrena para definir tus objetivos en términos de resultado y con las evidencias de que lo has alcanzado. Hay objetivos sencillos para los que tal vez no necesites hacer todo esto, pero hay otros de más envergadura para los que sí es recomendable.

🎯 CLAVES

Las siete claves para este apartado son:

1. Crea tu rutina matutina, mantenla y mejórala poco a poco.
2. Vuelca fuera de tu mente las tareas pendientes a realizar. Tu mente no es buena gestora, recuérdalo. Utiliza sistemas externos para almacenar la información.
3. No planifiques de antemano las tareas específicas que vas a realizar el próximo día, guíate por tus listas de tareas. Así mantienes la flexibilidad.
4. Elige un día a la semana para hacer la limpieza del sistema y volverlo a poner en orden. Es una necesidad fundamental.
5. Dedica tiempo a observarte para saber qué te está ayudando a implantar el sistema y qué te genera

dificultades para mantenerlo. Todo está en ti, por lo tanto tienes el poder de ir aprendiendo y corrigiendo.

6. No hagas por hacer. Cada vez que elijas hacer una tarea sé consciente de a qué objetivo está contribuyendo.

7. En la agenda solo se registran los compromisos firmes con los demás y contigo mismo, tu planificación base. Nada de tareas y deseos.

CUENTO

La escudilla

Un emperador estaba saliendo de su palacio para dar un paseo matutino cuando se encontró con un mendigo.

Le preguntó:

—¿Qué quieres?

El mendigo se rio y dijo:

—Me preguntas como si tú pudieras satisfacer mi deseo.

El rey volvió a reír y dijo:

—Por supuesto que puedo satisfacer tu deseo. ¿Qué es? Simplemente dímelo.

Y el mendigo dijo:

—Piénsalo dos veces antes de prometer.

El mendigo no era un mendigo cualquiera, había sido el maestro del emperador en una vida pasada. Y en esta vida le había prometido «Vendré y trataré de despertarte en tu próxima vida. En esta vida no lo has logrado, pero volveré...».

Insistió:

—Te daré cualquier cosa que pidas. Soy un emperador muy poderoso. ¿Qué puedes desear tú que yo no pueda darte?

El mendigo le dijo:

—Es un deseo muy simple. ¿Ves aquella escudilla? ¿Puedes llenarla con algo?

—Por supuesto —dijo el emperador. Llamó a uno de sus servidores y le dijo—: Llena de dinero la escudilla de este hombre.

El servidor lo hizo... y el dinero desapareció. Echó más y más y apenas lo echaba desaparecía. La escudilla del mendigo siempre estaba vacía.

Todo el palacio se reunió. El rumor corrió por toda la ciudad y una gran multitud se reunió allí. El prestigio del emperador estaba en juego. Les dijo a sus servidores:

—Estoy dispuesto a perder mi reino entero, pero este mendigo no debe derrotarme.

Diamantes, perlas, esmeraldas... los tesoros se iban vaciando. La escudilla parecía no tener fondo. Todo lo que se colocaba en ella desaparecía inmediatamente.

Era el atardecer y la gente estaba reunida en silencio. El rey se tiró a los pies del mendigo y admitió su derrota.

—Has ganado, pero antes que te vayas, satisface mi curiosidad. ¿De qué está hecha tu escudilla?

El mendigo se rio y dijo:

—Está hecha del mismo material que la mente humana. No hay ningún secreto: simplemente está hecha de deseos humanos.

PERSEVERAR

Estamos en el último paso para mejorar tu productividad personal consciente. En este apartado hablaremos de una virtud que considero imprescindible para llevar a buen puerto tus sueños e intenciones profundas: la perseverancia. Para añadir a tu vida la productividad personal consciente necesitarás perseverancia para realizar los ejercicios, para rehacerlos, para adquirir los hábitos y no perder la fuerza que te empuja a mantener la decisión firme de vivir sin estrés, feliz y cumpliendo tus metas.

Perseverar es el arte de mantenerse constante en la persecución de lo comenzado. Es una actitud, una postura del cuerpo, especialmente cuando es determinada por los movimientos del ánimo. El actor principal en esta gran obra de arte que es vivir es el cuerpo. Es el reflejo del ánimo y a través de él se canalizan las ideas y el sentir.

El ánimo es el motivo de la actividad humana. Es la energía que nos mueve y nos dirige. El ánimo es valor, fuerza y energía. Intención y voluntad. El ánimo, que nos lanza a perseverar, emerge del encuentro y la reconciliación de los aparentemente opuestos: mente y corazón.

Para reconciliar los opuestos en nuestra vida tenemos que ser primero conscientes de cuáles son aquellos elementos con los que nos relacionamos en conflicto. En un mismo instante podemos vivir la alegría del logro, el gozo y la plenitud, y a la vez la tristeza, el miedo y el vacío que nos trasladan a una sensación de derrota. Ambos extremos son ciertos y existen en el mismo tiempo. La aceptación de ambos como válidos hace que se puedan transformar en nuevos recursos para el camino: atención, fuerza, ingenio...

Perseverar es cultivar tu alma y tus relaciones con todo lo que acontece en tu vida y con las personas. Cultivarte significa escucharte más a menudo, respetarte y aceptar lo que emerge y hay en ti y en los demás, que se manifiesta a través de tus emociones y tus comportamientos. Todo comportamiento tiene una intención positiva para ti. Lo que ocurre es que algunas veces, cuando manifiestas esa intención positiva, no lo haces de la manera más adecuada para ti y tu entorno. Suele ser así porque desconoces la intención positiva, tu estado probablemente no sea el más adecuado, tengas miedos y creencias limitantes.

Cuando entiendes dónde nace la intención que origina un comportamiento, es posible modificarlo si no es adecuado para ti y tu entorno.

Quizá un día quieras dejar el camino de desarrollar la productividad en tu vida, puede que estés cansado de esperar resultados, quieres llegar ya y no llegas. Por experiencia personal te puedo decir que hay un tiempo distinto al tuyo, es el tiempo del aprendizaje o la vida. En el momento justo en el que dejes de poner tu atención en el resultado y prestes atención al camino, a cada paso, a cada día, donde vas conociéndote más y más, el resultado aparece. Y sabrás que has llegado porque lo sentirás en tu cuerpo. Sentirás que tu vida se ha enriquecido.

Te invito a perseverar en tu camino, porque ser productivo en el entorno actual te exige conocerte, calibrarte y mejorarte. Para encontrar tus equilibrios vitales y mantener el estado que te permite conectar con el Ser Creativo necesitas practicar. Practicar el autoconocimiento, el cuidado de tu cuerpo físico, de tu entorno emocional y mantener tu mente centrada y a tu servicio.

Las prácticas de las que hablo son las prácticas generativas que cada día puedes llevar a cabo, y las que hemos ido trabajando anteriormente. Cada uno encuentra las prácticas que le traen calma, contemplación, reflexión y silencio a su mente.

Al poner en marcha éstas prácticas, conectadas con tus intenciones más profundas, poco a poco adquirirán un gran sentido para ti y te mostrarán el camino que quieres recorrer en tu vida.

La perseverancia también implica levantarse después de caer en el camino, por los motivos que sean. La vida no es una línea recta: es curva, con subidas y bajadas. Todo lo que llega a tu vida es una oportunidad para aprender sobre ti, sobre la vida y desarrollar recursos que te acompañen el resto del camino.

La vida es movimiento, ritmo y relación. Cuando dejamos dentro de nosotros experiencias congeladas bloqueamos el flujo de la vida. La energía está en un proceso continuo de transformación y nosotros somos energía. Al dar movimiento a las experiencias congeladas sientes cómo poco a poco empiezan a danzar con las otras miles de experiencias que has vivido, produciéndose así nuevas melodías para tu vida. Todas ellas son necesarias para crear tu vida, al igual que todos los instrumentos son necesarios en una orquesta para hacer sonar la sinfonía.

Tú mismo eres una obra maestra. Tienes el poder de hacer de cada día una gran obra de arte, una oportunidad única de sentir la grandiosidad del universo en ti, apoyándote. A veces nos asusta tanto este poder que elegimos pensar que todo esto son tonterías, que no hay nada más allá de nuestros pensamientos, de nuestras circunstancias y nuestros miedos.

La clave para crear tu vida está en lo que cada día eliges pensar y hacer. Es posible que hayas cuestionado alguna de las cosas que has leído aquí. Eso está genial y es enriquecedor para ti, sólo te pediré que te des la oportunidad de verificar lo que piensas, y de probar lo contrario a lo que piensas, simplemente para ver qué ocurre. Sé un explorador de tu propio universo, de tu vida. Observa con la curiosidad de un bebé, de un niño que se encuentra por primera vez ante el mar, un valle, la luna o el sol. Deja que la curiosidad del eterno aprendiz invada todo tu tiempo. Experimenta, prueba, vive y siente. Déjate sentir, no temas, no hay nada que temer. Es tu luz lo que te deslumbra y te hace cerrar los ojos en la noche o en la madrugada.

¿Recuerdas al pirata? Sólo levantándose de sus tropiezos y sin rendirse jamás, el pirata que ha trazado su mapa y ha lidiado con el mar enfurecido, al final alcanza su tesoro, con el que puede vivir en paz, satisfecho de haber realizado con éxito su camino en la vida.

Ejercicios para perseverar

En los ejercicios de este capítulo te voy a invitar a que reflexiones y profundices más en los motivos por los cuales vas a perseverar en tu proceso de aprendizaje para añadir la Productividad Personal Consciente a tu vida.

Esa reflexión va a surgir a través de preguntas. Una vez reflexionadas, contéstalas por escrito con no más de cinco palabras, las primeras que surjan. Sin cuestionarlas.

¿Cuál es el resultado que te gustaría obtener tras aplicar lo aprendido en este libro?

¿Cómo puede este resultado nutrir tu vida y tus relaciones con los demás?

¿Qué te motiva alcanzar este resultado?

¿Qué hace que este resultado sea importante para ti?

¿Qué significa para ti lograr este resultado?

¿Con qué intención mayor está conectado este resultado?

¿Cuáles son algunas de las nuevas oportunidades que se han abierto para ti durante la lectura del libro?

¿En quién te tienes que convertir para vivir las experiencias que quieres para tu vida?

Mientras estés poniendo en práctica lo aprendido en este libro me gustaría que hicieras cada mañana el Diario de Recapitulación.

Diario de recapitulación

1. Escribe las tres acciones del día anterior que apoyaron tu resultado.
2. Reflexiona sobre los posibles cambios que tengas que incorporar a tu vida para ser más productivo con sentido.
3. Repasa de forma rápida en tu mente lo que hiciste el día anterior y únelo con la película de lo que vas a hacer hoy.

Para que pueda grabarse en ti este Diario de Recapitulación y puedas hacerlo de forma rápida es recomendable realizarlo mínimo durante cuarenta días.

☑ NOTA

Perseverar en este libro recoge la idea de mantenerte en proceso continuo de aprendizaje. Dejarte guiar por tu intuición en equilibrio con tu parte lógica y lineal.

☆ TRUCO

Cuando tu ánimo decaiga recuerda las repuestas que has dado al ejercicio anterior. Conecta con tus intenciones, con la vida que quieres vivir.

🎯 CLAVES

1. Ten visibles tus intenciones, el estilo de vida que quieres para ti y tus motivaciones.

2. Practicar es la clave de aprendizaje, así que practica y practica. La actitud del eterno aprendiz te ayudará a practicar con ilusión y curiosidad.

3. Disfruta de las pequeñas acciones diarias que construyen las grandes metas e intenciones. Pon el foco en ellas.

4. Agradece cada día los pasos que vayas dando y sé generoso con lo que tienes.

5. Encuentra tu ritmo de vida. Ni muy lento ni muy rápido. Prueba hasta encontrar el que mejor se ajusta a tus ciclos vitales o estados en los que te encuentras.

6. Cuando algo no te funciona o no sale como tú esperabas, persevera para encontrar nuevas formas de hacer. Mantente flexible y firme en tus propósitos profundos.

📖 CUENTO

Imagina cuántos procesos hay en la naturaleza que se basan en la perseverancia y en la expresión de la propia naturaleza.

El bambú pasa más de siete años echando raíces bajo tierra para después crecer más de treinta metros en seis meses. Es una bonita metáfora de nuestros procesos de aprendizaje. Suelta la inmediatez y la búsqueda de resultados. La atención tienes que dirigirla al proceso, al caminar.

¿Acaso la mariposa sería mariposa si el gusano no hubiese perseverado en su proceso de transformación? ¿Sería la bellota roble si se hubiera rendido?

RESUMEN

El libro recoge una linealidad necesaria para presentar la información. Sin embargo, como ya hemos comentado, la vida no es lineal: todo sucede al mismo tiempo y todo está enlazado. Todas las sugerencias que te he hecho para ser más productivo en tu vida son un ciclo continuo que hay que ir repitiendo y mejorando.

La productividad del siglo veintiuno es dinámica y flexible para poder adaptarse a cada instante. No es estática ni basada en planificaciones rígidas. La planificación sigue siendo necesaria desde el punto de vista del compromiso: contigo mismo y con tus equilibrios.

Para poder introducir cambios significativos en tu vida hay que pacificarla, vaciarla de todo aquello que ya no te ayuda a continuar el camino. El primer paso, pacificar, es una invitación a pararte un momento en el camino para ser consciente de todo lo que llevas en la mochila y ya no necesitas para el viaje. Hay que vaciarla y llenarla de lo que verdaderamente necesitas en este momento del camino en el que te encuentras.

En la mochila llevas de todo, cosas materiales innecesarias y pensamientos innecesarios. Saca de tu vida lo que ya no necesitas. Deja espacio para que puedan entrar nuevas cosas que renueven y den aire fresco a tu vida. Pero no la llenes del todo, deja espacio. Esta idea de dejar un espacio permanente me encanta. Así siempre tienes espacio para incorporar nuevas ideas, visiones, personas, a tu vida.

Te invito a que entres en httpp://www.beatrizblasco.com/comunidad-libro-productividad-personal-consciente y te descargues el cuaderno de ejercicios que complementa a este libro, además de material extra que iré incorporando para mejorar tu experiencia en el proceso de añadir productividad personal a tu vida.

Para finalizar, palabras de Lao Tse:

Lo pesado es la raíz de lo ligero.
La calma somete a la intranquilidad.
Consciente de esto,
la persona a quién sonríe el éxito
está asentada y se concentra.
En todo lo que hace,
aunque esté rodeada de riqueza,
no deja que esta le influya.
¿Cómo podría el señor de un país
tambalearse como un estúpido?
Si te dejas llevar de un lado a otro
pierdes el contacto con tu raíz.
Si estás inquieto, pierdes el dominio de ti mismo.

AGRADECIMIENTOS

Este libro ha sido posible gracias al apoyo incondicional de grandes amigas, Sara González Alquézar que revisó el estilo del libro y aportó su visión, y Eva Roldán Padillo que realizó la ilustración de la portada con amor y mucha de su creatividad.

También quiero dar las gracias a Alejandro Quintana, de http://oficiodeescritor.com/emprende-con-tu-libro/, porque su trabajo de seguimiento, revisión y aliento mientras escribía cada capítulo ha permitido que hoy tengas este libro entre tus manos. Es un gran profesional que sabe de lo que habla. Ha sido un placer trabajar con él.

A Mònica Fusté por todo lo que me ha enseñado, me ha aportado y por aceptar mi invitación a escribir el prólogo del libro. Todo un ejemplo de productividad personal consciente, en cuatro días me lo envió escrito. Gracias Mònica por tu inspiración y maestría.

A Claudia Caracoche por hacer los gráficos del libro, darme soporte y brindarme toda su creatividad para los extras que acompañan a este libro y que puedes descargar en httpp://www.beatrizblasco.com/comunidad-libro-productividad-personal-consciente y a Clara Cucalón de http://mimusaweb.com/ por su revisión de textos en el manual de ejercicios.

Por último, agradecer a todos los maestros con los que he compartido mi camino de crecimiento personal en los últimos años y que me han inspirado este libro: Stephen Gilligan, Robert Dilts, Allan Santos, Christina Hall, Judith Delozier, David Gordon, Nuria Sáez y Julian Trullén.

BIBLIOGRAFÍA

Allen, David. *Haz que funcione: Hoja de ruta hacia el éxito a través de la eficacia y la organización personal.* Alienta, 2011.

___. *Organízate con eficacia.* Urano, 2011.

___. *Organízate con eficacia -edición revisada (Gestión del conocimiento)* . Empresa Activa, 2015.

Bolivar, José Miguel. *Productividad personal: Aprende a liberarte del estrés con GTD.* Conecta, 2015.

Chopra, Deepak. *Las Siete Leyes Espirituales Del Éxito.* Amber-Allen Publishing, 2011.

Chopra, Deepak; Tanzi, Ruldolph E. *Supercerebro.* La esfera de los libros, 2013.

Covey, Stephen R. *Los 7 hábitos de la gente altamente eficiente.* Grupo Planeta, 2011.

Dyer, Wayne W. *En busca del equilibrio: Nueve principios para armonizar tu vida con tus deseos.* Debols!llo, 2014.

___. *Nuevos pensamientos para una vida mejor: la sabiduría del Tao.* Debols!llo, 2010.

Fusté, Mònica. *¡Despierta! ¿Vives o sobrevives?,* 2015.

Krishnamurti, Jiddu. *La mente en meditación.* Kairós, 2009.

Moss, Richard. *Mandala del Ser, el descubrir el poder de la consciencia.* Kier, 2011.

Reklau, Marc. *30 días - Cambia de hábitos, cambia de vida.* 2014.

Tolle, Eckhart. *El poder del ahora: una guía para la iluminación espiritual (Perenne).* Gaia; Edición: 16, 2013.

___. *Practicando el poder del ahora: enseñanzas, meditaciones y ejercicios esenciales extraídos de El poder del Ahora (Perenne).* Gaia Ediciones, 2011.

Zaritzky, José Luis; Wilensky, Paty. *Manual de cuentos para capacitar.* www.capacitacion-juegos.com.ar

Zeland, Vadim. *Reality transurfing. El espacio de las variantes.* Obelisco, 2013.

___. *Reality transurfing. El susurro de las estrellas de madrugada.* Obelisco, 2011.

BLOGS DE PRODUCTIVIDAD PERSONAL Y GTD®
Te dejo este interesante enlace en el que Jeroen Sangers, experto en productividad personal, recoge los blogs de habla en español sobre productividad:
http://canasto.es/blog/lista-blogs-productividad-personal

SOBRE LA AUTORA

Lo primero de todo quiero darte las gracias por haber comprado mi libro. Espero de corazón que te haya aportado las claves para que vivas motivado, enfocado y en acción.

Mi nombre es Beatriz Blasco, ingeniera de organización industrial e ingeniera técnica química industrial. Durante quince años estuve trabajando en el sector industrial en empresas de distintos sectores.

En esos quince años no paré de aprender y de ofrecer lo mejor de mí misma en cada proyecto en los que formaba parte.

En el año 2011 algo dentro de mí me pedía un cambio. Un giro en mi forma de vivir la vida. Así es como llego al mundo del Coaching y la PNL.

Quería conocerme a un nivel profundo, despertar mi creatividad y liderar mi vida. Así empezó mi propio proceso de reinvención personal y profesional.

Desde entonces me he formado en Coaching organizacional y de sistemas, Coaching Generativo con Robert Dilts, Stephen Gilligan y Allan Santos y en Programación neuro lingüística (PNL) con Allan Santos, Christina Hall, David Gordon y Judith Delozier.

Mi inquietud y curiosidad innata me mantienen en un proceso continuo de aprendizaje. Durante estos años también me he formado en otras áreas como los negocios online, marketing, productividad personal, liderazgo emprendedor y mindfulness.

Mi proyecto actual en internet es www.beatrizblasco.com. Un rincón desde el que quiero expandir nuevas formas de vivir en equilibrio, con más conciencia y efectividad.

Mi entusiasmo es explorar la vida y mi mundo interior para ser cada día mi mejor versión. Me encanta crear y compartir lo que descubro de mil y una maneras diferentes.

El mundo necesita personas que encuentren en su vida el sentido más allá de sí mismas y que enfoquen sus acciones en dejar su mejor huella en él. Este libro nació con la intención de ser un granito de arena para que así sea.

www.ingramcontent.com/pod-product-compliance
Lightning Source LLC
Chambersburg PA
CBHW060610200326
41521CB00007B/725